テニス

上達へ導く
理論 & メカニズム
必勝メソッドの理解と実践

佐藤文平 著

はじめに

　テニスは奥の深い、とても面白いスポーツです。相手から飛んでくるボールのコース、球種（速度・回転数・回転軸）はバラエティーに富み刻々と変化します。そのボールを自分が狙ったところに打ち返すためには、球種の予測、俊敏なフットワーク、正しいボディーワークをマスターすることが大切です。運動の原理・原則とメカニズムを理解して、ゆっくり、ていねいに積み上げながら学習していけば、運動が苦手な人でも間違いなく上達することができるはずです。

　私は学生時代、全日本学生テニスチャンピオンになるために、どんなボールにでも追いつくことができる素早いフットワークと強靭な体力にフォーカスして「質より量」を重視した練習を行っていました。その結果、私の守備力は飛躍的に向上し、対戦相手は粘り負けし、自滅するといった試合展開で学生日本一になることができました。

　その後、グランドスラム大会で活躍することを夢見て、プロテニス選手として国内外のATP・ITFトーナメントを転戦しました。そこで痛感したことは、グランドスラムのステージで戦うためには、フットワーク、体力、打球技術に加えて戦略・戦術そして強靭なメンタルといった総合的な競技能力が必須条件だということでした。

　本著では、自身がプロテニス選手として最高のパフォーマンスを発揮するために実施してきた練習やトレーニング法に加えて、現在のトップ選手が実際に行っている練習法をスポーツ科学研究から得たデータを用いて解説させて頂きました。テニス上達を目指す全ての方々の気づきや閃きに役立つ一冊になればと想いを込めました。

2012 ATP ワールドカップ日本代表
2013 全日本テニス選手権ダブルス優勝
佐藤文平

この本の使い方

　この本には、あなたのテニスを上達させるためのヒントがたくさん記されています。近年、スポーツ科学の発展と相まって、テニスの打球技術や戦術、そしてメンタルに関する研究が多くの研究者によって発表されてきました。

　こういった研究データから得られた理論やメカニズムを理解することで、無駄のない効率的な練習を実施することが可能となります。

　順番に読み進めることが理想ですが、「ここが気になる」「どうしてもマスターしいたい」というテーマがあれば、そこだけをピックアップすることも可能です。各項目は「FILE」に分類され、知識やテクニック、トレーニング、メンタルなど4つのアプローチ（下記アイコン）から解説しています。

知識

トレーニング

テクニック

メンタル

FILE
このページで解説するテーマ・テクニック名と内容がひと目でわかる。

タイトル

FILE 02　　軽いラケットのメリット

ラケットの操作性が高
ストロークの精度もアップ

❗ 重いラケット（ウッド）と軽いラケット（高反発打ち方を比較したとき、テイクバックに大きな違そこからのようなボールが打てるのだろうか。

重いラケットより軽いラケットの方が
自由自在に操ることができる

　ウッドのラケットでは、その重さからスイングに制限リップもイースタングリップやウエスタングリップが主り握りこんで打つ。しかし、高反発カーボンのラケッさから自在にスイングでき、テイクバックに特徴がでるも選手の特徴やプレースタイルに応じた、タイプ別の握

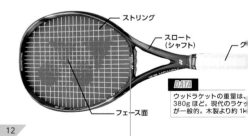

ストリング

スロート（シャフト）

フェース面

DATA
ウッドラケットの重量は、380g ほど。現代のラケッが一般的。木製より約 1k

12

解説文
テニスを上達するための考え方や知識を解説している。

POINT 01
テイクバックでラケットを
大きく後ろに引く

　重いラケットの場合、スイングスピードをあげるためテイクバックを大きくとり、体の後方に大きく引くかたちになる。ラケットを振り出していくときボールとの距離があり、ミスショットにつながるリスクがある。

POINT 02
ラケット先端を打球方向に
向けて構える

　軽いラケットの場合、ラケットの先端が打球方向に入り、ボールを引きつけ、スナップを返してスイングするかたちになる。ボールとラケットが同じ視界内にあるので、コンパクトにスイングできる。

+1 プラスワンアドバイス

**ネット型プレーヤーの減少は
パッシング技術の向上が要因 !?**

　小さなスイングでボールにコンタクトすることで、ショットの精度は大幅にアップし、ミスが少なくなる。加えてラケットの軽さは操作性もアップするため、バラエティーに富んだショートセクションが可能になる。これら複合的なメリットが、ストローク技術の向上につながっている。「サーブ＆ボレー」を得意とするプレーヤーの減少は、パッシング技術(ストロークの精度)のレベルアップと相関している。

DATA
トップ選手のグランドストローク平均速度は122.8km/h。最も速い選手だと140km/hを超える。

13

CONTENTS

PART3 サーブ & レシーブの精度をあげる

PART 1

ラケットと
グリップの
関係性

FILE 01

ラケットの進化とともに プレースタイルも進化する

スポーツ工学の発展によりラケットの素材や形状は大きく変わった。これが選手たちのプレースタイルの進化にどう影響したのか。ラケット開発の歴史を見てみよう。

ラケットの素材はウッドから 高反発カーボンの時代へ

　1960 年代までは、ウッド (木製) のラケットが用いられていた。当時のプレーヤーは、今よりもはるかに打球面が小さく、とても重いラケットを使用しプレーしていた。

　ラケットの素材は、ウッドからアルミ・スチール、グラファイトが採用されるようになった。その後、高反発カーボンが開発され、それと相まって、ラケットの形状にも変化がみられた。打球面が 110 平方インチを超える「デカラケ」やフレームを厚くした「厚ラケ」などがその例で、その時代のプレースタイルに少なからず影響を及ぼしてきた。

　今では、軽くて強い素材として、航空機や自動車・スポーツ用品など幅広い分野で使用されているカーボン。これまでのラケットの進化は、これら材料の変化が影響しているといえる。カーボンファイバー炭素繊維のなかで「材料」の性質がラケットに反映できるよう試行錯誤しながら、特徴的なラケットを生み出してきた。

POINT *01*

ウッド製のラケットは重く
スイングスピードがあがらない

ウッドラケットは、打球面(フェイス)は68平方インチ程度、フレームの重さは約380gほど。この重さのためにスイングスピードがあがらず、強いボールを打つためには、強く握りこんだり、肩やヒジにも大きな負荷が掛かる。

木製ラケット

POINT *02*

カーボンファイバー炭素繊維は
現代ラケットの主流

1970年代は、テニスラケットの素材に大きな技術革新があった時代。アルミ・スチールを皮切りに、軽くてさまざまな形状に加工しやすい、カーボンファイバー炭素繊維が登場。その後のラケット形状の進化にも影響している。

アルミ、スチール製ラケット

グラファイトラケット

+1 プラスワンアドバイス

テニスラケットの変遷とメカニズム

テニスの原型となった競技は、13世紀にフランスで行われていた素手でボールを打球し合う「ジュ・ド・ポーム」。その後、素手からラケットでボールを打ち合う競技へと発展した。

ラケットのフレームには、ストリングが張られている。打球時はボールが変形し、フレームがしなってストリングがたわんだ後の復元時に生じる「弾性エネルギー」の合成によってボールが飛んでいくメカニズムである。

FILE 02

ラケットの操作性が高まり
ストロークの精度もアップする

重いラケット（ウッド）と軽いラケット（高反発カーボン）の
打ち方を比較したとき、テイクバックに大きな違いがある。
そこからどのようなボールが打てるのだろうか。

重いラケットより軽いラケットの方が
自由自在に操ることができる

　ウッドのラケットでは、その重さからスイングに制限があった。グリップもイースタングリップやウエスタングリップが主流で、しっかり握りこんで打つ。しかし、高反発カーボンのラケットは、その軽さから自在にスイングでき、テイクバックに特徴がでる。グリップにも選手の特徴やプレースタイルに応じた、タイプ別の握り方がある。

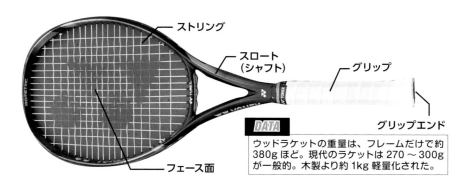

ストリング

スロート
（シャフト）

グリップ

グリップエンド

DATA

ウッドラケットの重量は、フレームだけで約
380g ほど。現代のラケットは 270 〜 300g
が一般的。木製より約 1kg 軽量化された。

フェース面

POINT 01

テイクバックでラケットを大きく後ろに引く

　重いラケットの場合、スイングスピードをあげるためテイクバックを大きくとり、体の後方に大きく引くかたちになる。ラケットを振り出していくときボールとの距離があり、ミスショットにつながるリスクがある。

POINT 02

ラケット先端を打球方向に向けて構える

　軽いラケットの場合、ラケットの先端が打球方向に入り、ボールを引つけ、スナップを返してスイングするかたちになる。ボールとラケットが同じ視界内にあるので、コンパクトにスイングできる。

+1 プラスワンアドバイス

ネット型プレーヤーの減少はパッシング技術の向上が要因！?

　小さなスイングでボールにコンタクトすることで、ショットの精度は大幅にアップし、ミスが少なくなる。加えてラケットの軽さは操作性もアップするため、バラエティーに富んだショートセクションが可能になる。これら複合的なメリットが、ストローク技術の向上につながっている。「サーブ＆ボレー」を得意とするプレーヤーの減少は、パッシング技術（ストロークの精度）のレベルアップと相関している。

DATA
トップ選手のグランドストローク平均速度は122.8km/h。最も速い選手だと140km/hを超える。

FILE 03

グリップの握り方によって ボールの打ち方が変わる

近年、テニスのラリーは、ストレート系のボールに加えて、強い回転をかけたトップスピンでの打ち合いに進化している。トップスピンが打ちやすいグリップとは。

ストロークのグリップは セミウエスタンやウエスタンが主流

グリップの握り方は、大きく四つに分けられる。ウッドのラケット時代は、包丁のような握り方になる「コンチネンタルグリップ」や地面に置いた状態で上からラケットを握る「イースタングリップ」が主で、フラット系のボールを中心にラリーが行われていた。

しかし軽量化されたラケットが広まるにつれ、ストロークでトップスピンをかける打ち方が主流となった。打球時から打ち終わりまでワイパーのようにラケットを振ってスピンをかけることができる「セミウエスタングリップ」や「ウエスタングリップ」は、トップスピンが打ちやすい握り方だ。

DATA

グリップ角度は時計まわりで①〜⑥で表示。例えば①はロッド・レーバー、②③はピート・サンプラス、④はアンドレ・アガシ、⑤はノバク・ジョコビッチの握り方。

POINT 01

コンチネンタルグリップ

ラケットを地面に対して垂直に立てて持つ握り方。フォアハンドとバックハンドどちらも打ちやすく、サーブやボレーなどにも適している。

POINT 02

イースタングリップ

地面に置いた状態で上から握り、打球面の裏側から持つようなグリップ。フォアハンドを中心に、フラット系の強いボールを打つことができる。

POINT 03

セミウエスタングリップ

コンチネンタルグリップとイースタングリップの中間にあたる。スイングの軌道で下から上に振りやすく、現代テニス主流のグリップ。

POINT 04

ウエスタングリップ

地面と平行な打球面に対して、横から握手するように持つグリップ。セミウエスタングリップと同様に下から上へのスイングがしやすい握り方。

FILE 04

かきあげるようなスイングで
強いトップスピンをかける

ラケットの軽量化、そしてセミウエスタンやウエスタングリップで握ることにより、選手が打つボールの質も変化する。強いトップスピンを打つためのスイングとは。

POINT 01

フラット系のボールを打つスイング

DATA
ボールに回転を与えるには、半径に対して垂直方向に働きける必要がある。送り出すようなスイングでは回転がかけにくい。

テイクバックを後ろにとって、ラケットを前方向に振り出す。

フラット系の速いボールは、ラケットを押し出すようにスイングする。

操作性がアップしたことで
トップスピンが容易に打てる

　コンチネンタルグリップやイースタングリップは、トップスピンをかけにくいグリップ。基本的には、フラット系のボールが打ちやすい。

　一方でセミウエスタンやウエスタングリップでは、「ワイパースイリング」がしやすいく、強いトップスピンがかかったボールを打つことができる。ボールに対してかきあげるようなスイングは、コンパクトでラケットの操作性がアップする、というメリットもある。

　ただし、ラケット操作が容易なので無理な体勢でボールを打球すると肩やヒジに大きな負担がかかるので要注意。小手先で操作してもスピンのかかったボールを打てるがケガにもつながりかねない。

POINT 02

コンパクトに振るワイパースイング

小さいテイクバックからラケットを下から上へスイング。

トップスピンは、ラケットを下から上へ振り上げボールに回転をかける。

ボールに合わせるのではなく 自分のポイントで打つ

力が入るグリップと打点を理解し、そのポイントに対して足を動かし、ミスなく打つことが上達のプロセス。自分のポイントである「打点」を理解していなければ、迷った状態が続く。

ボールありきで打ちにいくと 狙い通りのショットは打てない

　ボールを打とうとしたとき、多くの人は「ボールに当てる」「ボールに合わせる」という思考になりがち。これでは自分が強く打てるポイントで、ボールをとらえることができない。

　なかなか上達できないプレーヤーの多くが、ボールありきでプレーしている傾向がある。グリップのかたちやスイングの軌道によって、球質の違いがあったとしても、まずは力が入るポイントで打つことが大事。それを理解してプレーすることで上達が期待できる。

　自分の打点でとらえるためのグリップやフットワーク、スイングがあって狙い通りのボールが打てる。

POINT 01

自分と打点の距離を見つける

「打点」とはボールをヒットするポイント。正しい距離感で力の入る打点でボールをとらえる。

　ボールありきで打点を見つけようとすると、自分のかたちで打つことはできない。自分の打点を見つけ、そのポイントでとらえること。ラケットを含めたボールとの距離を知ってボールをヒットする。

POINT 02

自分の打点で打てないと 返球だけのストロークになる

打点があっていないと力が発揮できない。

✕

　自分の力が入るポイントを理解していないと、ボールをだだ打ち返すだけで、迷いながらのショットになってしまう。迷いながらプレーしても上達は期待できない。

+1 プラスワンアドバイス

自分の打点から 狙い通りのストロークを打つ

　テニスはネットを挟んで、相手との駆け引きを用いてプレーするスポーツ。サーブはもちろん、ラリーではいかに相手に対して、「自分の打点」で打たせないかがポイント。そのために狙い通りのストロークが打てる打点を理解する。

FILE 06

自分に合うグリップから
個性的なボールを打つ

グリップによって、ボールの球質も変わる。自分のグリップと打ちたいボールが一致していることが理想。まずは自分のグリップとの相性をチェック。

自分にあったグリップを見つける

　ボールをヒットする打点に打球面を合わせたとき、一番力が入る握りが「理想のグリップ」。パートナーに打球面を押してもらい、力の入り具合をチェックする。このとき、体の関節である肩とヒジ、手首の中心を揃えて打点をとることがポイント。ヒジが伸びきったところで、関節中心が揃い、押されて衝撃を受けても押し負けないポイントを見つけていく。イメージよりもポイントはやや前になる。

　バックハンドでも同様にグリップによって「打ちやすいボール」「打ちにくいボール」が出てくる。バックハンドでは、片手打ちと両手打ちがあるので、一番力が入りやすいグリップと打点の関係をチェックしておく。

POINT 01

打球面を押してもらい力が入るポイントをチェック

ボールをとらえる打点にラケットを構え、相手にフェイスを押してもらう。グリップを調整しながら力が入るポイントを探す。

POINT 02

回転をかけるスイングが
自然にできるグリップを探す

　トップスピンかけたい場合は、ワイパースイングで振りあげるような、回転をかけていく動作が必要。そのための力が1番入るポイントをグリップに合わせて探す。

POINT 03

打ちたいボールによって
打点が変わる

　振り抜きの方向によって、ボールの球質が変わる。フラット系のボールを打ちたいなら、前に押し出すようなスイングをする。そのために打点はやや体寄りになる。

人指し指と中指、薬指の3本で握ってヘッドを加速させる

打点に対して力が入るグリップを理解したら、実際にラケットを握ってみる。グリップと接する手のひらや各指の力の入れ具合を理解する。

小指に過度な力が入るとヘットスピードが遅くなる

グリップを握るときは、「小指から握り込め」というアドバイスがある。モノを握ろうとしたとき、小指に力を入れることでグリップ力が増すからだ。特にウッドラケットの時代はラケットの重さがあって、押し込むようスイングだったために、小指の力はとても重要だった。

しかし、ラケットの軽量化が進んだ結果、それほどグリップを強く握り込まなくても強いボールが打てるようになった。むしろ、強く握り込むことにより、ラケットのヘッドが走らず、トップスピンがかかりにくいという弊害がある。

いまは人指し指を含めた中指、薬指の3本で握り、手首をまわしてラケットヘッドを加速させる。スイング中の力の発揮を最小限にする打ち方が主流となっている。

POINT 01

小指に力を入れず
手首を自在に使う

　人指し指と中指と薬指の3本でグリップを握る。このとき、小指に力を入れず、人指し指と中指と薬指の3本で握ることにより、手首の回転がスムーズになる。テイクバックでラケットの先端を打球方向に向け、小さなバックスイングからの手首の回転でラケットヘッドを走らせることが可能になる。

POINT 02

小指に力が入ると
手首の動きが鈍くなる

　ボールに対して力負けしないためには、小指に力を入れて握る方法もある。実際に力を入れて手首をまわしてみると、動きがややスムーズにならない感覚がわかる。

+1 プラスワンアドバイス

余分な力を入れず
腕の疲労度を軽減

　無駄な力が入っていないことは、スイングによる腕の疲労を軽減する。またコンパクトなスイングで操作性も高まるため、打球面のスイートスポットに対するヒット率も高くなる。

FILE 08

握力の強弱は
ショットに影響しない

強いボールを打つためには「グリップを握り込むことが必要」という考え方がある。しかし、これはウッドのラケット時代の定説。グリップと握力の関係を知る。

握力が弱くても強いボールは打てる

強いボールを打つためには「強靭な筋力が必要」と思うだろう。しかし、グリップと関係する「握力」に関しては、筋力の強さがスイングスピードの速さや遅さに関係しないというデータがある。

打球面で反発力が高いスイートスポットにヒットすれば、力を入れなくてもボールは飛んでいく。基本的にはラケットの打球面の真ん中である「スイートスポット」でボールをとらえることが大事。そうすることで、フェース面のぐらつきを防ぐことができる。その点から考えても「握力の強さ」はそれほど重要でないのだ。

+1 プラスワンアドバイス

左右対象ではないグリップの秘密

グリップの末端には、出っ張っている部分がある。本来、この部分に指をからめて握るように反対側に手のひらを当てていくのが正しい握り方。

POINT 01

スイートスポットに当たった
ボールの行方を考える

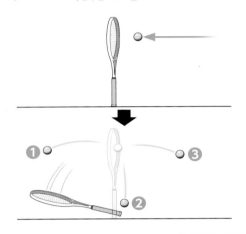

支えがなく立っているラケット面にボールを当てる。スイートスポットにボールが当たることで、ラケットは後ろに倒れる。このときボールはどこに飛ぶか考えてみよう。

①ボールの進行方向である後ろに流れる。

②ボールだけがインパクト地点の真下に転がる。

③ラケット面に対し、打球方向にボールは飛ぶ。

答えは③。インパクト時はグリップを握って、スイートスポットを捉えてさえいれば、大きな力を加えなくてもボールは飛んでいく。

POINT 02

打球面の芯を外すと
大きな力が必要になる

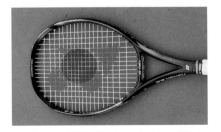

ボールが打球面のスイートスポットに当たっていれば、握力にさほど関係なくボールは飛んでいく。スイートスポットを外してしまうと打球面はブレ、ボールの方向性を維持するために大きな握力が必要になる。

POINT 03

タイミングよくグリップを
握りこんで力を入れる

握力がある場合、スイートスポットから外れたときの対応力は高い。握力がなくてもインパクトの瞬間に、タイミングよく握り込むことができれば、握力の強い人と同様のポテンシャルを発揮できる。

FILE 09

自分のプレーにあったストリングの テンションでプレーする

打球面にはストリング(ガット)が張ってある。このストリングのテンションがボールの飛びに大きく影響する。どのようなテンションで張れば良いか考えてみよう。

テンションの強弱によって ボールの飛びが本当に変わるのか?

ストリングの進化は、ラケットの歴史と大きく関わる。ウッドやスチール製の時代は、ストリングのテンションを緩めてボールの飛びを優先する傾向がみられた。ラケットの素材が変化し、逆にボールが飛び過ぎるようになると、ストリングのテンションをガチガチに高くして飛びを制御する流れになる。そうすることでバックアウトを気にすることなくラケットをフルスイングできるようになった。

最近はストリングのテンションをやや緩めにして、スピードと回転をマッチングさせた、パワフルなストロークを打つスタイルがトレンド。大切なのは、自分の技量やプレイスタイルにあったテンションを見つけることがポイントだ。

POINT 01

テンションを緩めてボールを飛ばす!?

　「ストリングを緩く張ると、ボールがよく飛ぶ」と言われるが、川副らの実験によると、衝突速度20m/sの場合、テンションを44%増減しても、反発係数は1.4%しか増減しないことが報告されている。また、衝突速度 30m/sの場合はテンションを変えても反発係数はほとんど変わらないことから、テンションの影響は非常に小さいと言えるが、実際の感覚的には相当な違いを感じることも事実である。

POINT 02

テンションを高めて飛びを制御する

　ラケットの素材の変化に伴って高速度でスイングすることが可能となったことから、ボールが飛びすぎてしまうことを制御するためストリングのテンションを、60〜70ポンドまで高めて張っていた時代もある。

POINT 03

テンションを緩めて
強烈なトップスピンを操る

　現在グランドスラムに出場する世界トップ選手のストリングテンションは50ポンド前後、なかには約40ポンドと非常に緩く張りあげている選手もいる。その理由として、ストリングの性能を最大限に生かして、ボールの飛びを重視することで、ノビのある強烈なトップスピンをかけたボールを打球することができるからだ。

+1 プラスワンアドバイス

　自分が正しい技術を身につけようとするとき、ラケットやストリングなど道具で調整したり、コントロールしたりする術があることが理想。ヒジの障害などを考えた場合も、適正なポンド数でプレーすることで怪我の予防につながる。

FILE 10

刻々と変化するテンションに ラケットを替えて対応する

打球感を左右するテンションは、時間の経過や気候とともに変化する。それを気づかずにプレーしていると、いつまでも「ストロークの再現性」は理解できない。

プロテニスプレーヤーは 複数のラケットで再現性をキープ

プロのテニスプレーヤーになると、複数のラケットをコートに持ち込む。そうすることで常に同じテンションでボールを打つことができ、ストロークの再現性をキープする。

基本的にラケットは同一のもので、ストリングのテンションが違うものを用意。例えば6本あるとしたら、同じテンションで4〜5本、違うテンションのものが1〜2本程度、入っている。

コートのサーフェース（表面）や天候なども加味し、自分が決めた適正ポンドの前後2ポンドぐらいの幅で調整する。ストリングは張ってから30分もすると徐々に緩み出す。とりわけ気温が高いときは、そのスピードが速いので注意が必要。そのような緊急時用には、ストリングを硬めに張ったラケットも用意して試合にのぞむことがある。

POINT 01

練習段階でチェックした
テンションでストリングを張る

　基本的には練習の段階でチェックし、試合で使うラケットのストリングのテンションを決定する。試合当日は、決められたテンションのラケットを多めに用意し、当日の気候によってはオプションがあることもある。

POINT 02

冷蔵庫にラケットを入れて
ストリングの緩みを抑える

　オーストラリアンオープンなどは、炎天下で試合が行われる。このような気候は、ガットが緩むスピードが速い。試合会場によっては、コート脇に冷蔵庫が用意され、ラケットを冷蔵庫内に入れて遮熱する。

POINT 03

ニューボールの導入ごとに
ラケットを交換する

　ストリングは何もしなくても、時間の経過とともに緩み出す。例えば44ポンドで張ったストリングが30分後には43〜43.5ということもある。もちろん打球することでテンションは緩んでいくので、試合でニューボールが導入されるタイミングには、ラケットを交換することもセオリーとされる。

+1 プラスワンアドバイス

ストリングの切れかかりでは
上達に支障が出る

　ストリングが切れそうな状態でプレーしているアマチュアプレーヤーを見かける。数ミリという細いストリングが切れかかっていては正常に機能しないので注意。ストロークにおいて重要な再現性が身につかず、常に同じテンションでボールを打てないというデメリットしかない。

グリップの劣化

新しいグリップに巻き変えて ラケットを握る

! グリップはボールを打球した感覚を手に伝える大事な要素。できれば常に新しいグリップで、その感覚を研ぎ澄ませたものにしたい。プロテニスプレーヤーのグリップの交換頻度とは。

唯一の手とラケットの 接点であるグリップにこだわる

　ストリングのテンションと同様に気をつけたいのがグリップのチェンジ。グリップを新しく巻き換える作業は、プレーのクオリティーにも直結する。

　実際に手とグリップは唯一の接点なので、そこが滑ったり、ブレてしまうとネットミスやバックアウトの要因に。プレー全体の質も退化してしまう。

　プロテニスプレーヤーの場合、「仮に毎日、グリップを巻き替えても365本」というぐらいの考え方で交換している。試合時はもちろん、練習でもニューグリップにチェンジしてのぞむ。新しい靴下を毎日履くような感覚でグリップに対しては意識が高い。当然のことながら、チャンスボールを確実に「チャンスボール」としてとらえて決めきることで、勝ちにつながり賞金を得られると考えるならば、そこへのこだわりはまさに勝負の分かれ目である。

POINT 01

自分の手に合う
タイプのグリップを選ぶ

　ボールを打つタイミングでグリップが滑ってしまうと、打球面の角度が変わってミスにつながる。グリップに対しては細心の注意を払うことが必要。グリップにもさまざまな材質があるので自分の手に合うタイプを選ぶ。

POINT 02

使い古したグリップでは最高の
パフォーマンスは発揮できない

　道具を大切に使うことは大事なことだが、アマチュアプレーヤーのなかにはボロボロのグリップでプレーしている人もいる。劣化した状態ではラケットやプレーヤーのパフォーマンスを発揮することができない。グリップ交換時期のタイミングを見誤らないこと。

+1 プラスワンアドバイス

グリップの巻き方

① グリップテープの細い部分を合わせてグリップエンドから巻きはじめる。

② グリップの厚さを均一にするため、引っ張りながら巻いていく。

③ グリップテープが重なる部分は、どれも同じ幅になるよう注意。

④ 最後までテープがヨレてしまわないよう、少し力を入れて巻き、仕上げへ。

⑤ 最後は付属のテープでしっかり止める。

COLUMN プロテニスプレーヤーが考える 理想のラケット

　プロテニスプレーヤーにとって理想のラケット＝ドリームラケットは何だろう。高身長のトップ選手が使う、打球面が小さく力が伝わりやすいタイプのラケットは、まさにドリームラケットのひとつ。しかし、一般的な身長のプレーヤーにとっては、正解とは言い切れない部分もある。実際に使ってみると、自分のプレースタイルを合わなかったり、スイートスポットを外しやすいなど使い勝手が悪いこともあるという。

　プロテニスプレーヤーの場合、用具の契約も関連する。誤解を恐れず言うのならば実際に使いたいラケットではなく、スポンサーとなってくれるメーカーのラケットを使わなければならないということも考えられる。メーカーのラインナップから、自分が使いたいタイプのラケットを探し、ときには妥協することもある。

　一方で加齢ともに道具の性能に頼ることもポイントになる。若い頃は小さめのフェイスサイズでプレーした選手たちが、競技生活の晩年になると、フェイスサイズを大きくして、反発の強いラケットでボールを飛ばす傾向になる。フィジカルが強く、ケガなくコートを自由自在に走りまわっていた若い時ときと比べれば、これは合理的な選択と言えるかもしれない。

PART 2

再現性の高いストローク

FILE 12

軸足の向きを意識して打点の位置に入る

自分に合ったグリップから、もっとも力が入るポイントでボールをとらえることが大事。「ボールありき」ではなく「自分のポイント」で打つためのポジショニングを知る。

自分の打点で強いボールを打ち込むことでラリーを制する

　自分にあったラケットの握り方で、そのグリップに適した打点、スイングでボールをとらえることがストロークの基本。

　一番、力が入るポイントでヒジや肩、打点の位置関係がどのようになっているかチェック。ただボールを打つだけでなく、技術にメカニックの知識を上乗せしていくことで、より強いボールを打つことが可能になる。

　ラリーでは、ボールの打点にいちはやく到達するための予測やフットワーク、フィジカルに注目すると同時に、自分の打点でしっかりボールにコンタクトすることが重要だ。より強く、精度の高いボールを相手コートに打ち込むことが勝利のカギを握る。

POINT 01

ボールと少し距離を
とった位置に右足をセットする

フォアハンドの打球点に入ったとき、ボールの後ろ側に右足をセットし、地面に蹴り出しすかたちをつくる。

打点はベースラインを基準に1〜2時の位置にとる。

12時の位置で打とうとしても正しくインパクトできない。

POINT 02

打球方向に対し強く
蹴り出せるツマ先の位置

　インパクトの力を前方に向けていくことがポイント。そのためにベクトルを揃える必要がある。後ろ足は打球方向に対し、フラットかツマ先が打球方向に少し向くようにすると拇子球で地面を蹴ることができる。

POINT 03

ツマ先が外に向くと
ヒザが割れてしまう

　ツマ先が外を向いてしまうと力のベクトルが揃わない。ヒザが外側に割れてしまい、ボールを前方向に飛ばすには大きなロスが生じる。

FILE 13

下半身や体幹からの力を 腕、ラケットに伝える

> 強いボール打つためには、地面を蹴って得られた力をいかにボールに伝えるかが大事。スイングの分解写真を見ながら、力の伝達を理解する。

フォアハンド

軸足に重心を乗せて、前足を踏み込む。

ボールに対して軸足をセットアップ。

小さなテイクバックでラケットを引く。

地面反力（GRF）をボールに伝える

　打点に対しての後ろ足の位置が定まったら、あとはボールをスイートスポットでとらえるようスイングする。このとき地面を蹴って得られたパワーを上手に伝えられるかがポイントになる。

　地面から得られた力は、下半身の足底からヒザ、腰（体幹）を通じて、肩、ヒジ、手首、指先、ラケット、ボールの順番でエネルギーを伝達する。

　特に下半身の力は、大きなパワーを生み出す大事な要素。小さな筋肉である腕を強く振るのではなく、体の大きな筋肉である脚や体幹を使った運動連鎖によって、威力のあるボールを打つことができる。

前足に重心移動しながら、下半身のパワーを上半身に伝える。

腰をまわしながら肩、ヒジ、手首の順に力を伝える。

インパクト後はフォロースルーをとって、次の動作の準備に入る。

ヘッドスピードの頂点でボールをインパクト。

フォロースルーをとって、次の動作の準備に入る。

腰をまわしながら肩、ヒジ、手首の順に力を伝える。

定点からフォームを撮影して動画で分析する

　技術をスキルアップしていく段階では、動画で撮影したフォームをチェックすることも大切だ。現代は高画質のスマートフォンカメラも普及しているので、クオリティの高い動画で撮り、スロー再生で詳細な部分までチェックできる。

　フォームチェックは、継続的に行うことがポイント。何台もカメラを設置して撮ることも大切だが、定点に1台置いて撮り、過去の動画と比較することで自分の変化が理解できる。動画を撮りだめて比較することで、過去、現在までの変化が明確になり、未来の姿がイメージできてくる。

　撮影方向は、正面、横、前、後ろなどチェックして、それぞれのテクニックや確認したい項目に則したアングルから撮影すると良いだろう。大切なのは定点で振りだめること。

軸足をセットアップ
して前に踏み込む。

ボールを肩越しにみて
小さくテイクバック。

前足に重心移動しな
がら、下半身のパワー
を上半身に伝える。

+1 プラスワンアドバイス

撮影したフォームを分析して
フォームをアップデート

　プレーのレベルがあがってくる
と、対戦相手のスキルも高くなる。
ボールのスピードがアップして、バ
ウンドの跳ね方も大きく変わる。こ
れに対して自分のフォームにもアッ
プデートすることがポイント。

　無駄なテイクバックを削ぎ落とし
たり、よりコンパクトなスイングに
するなどの工夫が必要になる。定点
で撮ったフォームの動画を詳しく分
析し、スキルアップに役立てる。

定点から動画を撮って
データとして蓄積する。

39

上半身をしっかり捻って
パワーをため込む

テイクバックが大きすぎると、ストロークの精度がさがったり、速いボールや高く弾むボールに対応できない。コンパクトかつ、パワーダウンしないテイクバックを学ぶ。

POINT 01

フォアハンド

小さなテイクバックからラケットを引いてトップのかたちをつくる。

ボールが飛んでくる方向に体を半身にして構え、ラケットの先端をボール方向に向ける。

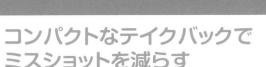

コンパクトなテイクバックで ミスショットを減らす

競技レベルがあがると打球スピードは速くなり、バウンドしたボールも高く跳ねあがる。そのようなボールには、テイクバックをコンパクトにして対応することがポイント。

ラケットが視界から見える範囲に収めることで、ラケットの操作性を高め、ボールとの距離感を正確に把握してミスショットを防ぐ。

フォアハンドとバックハンドで共通していえるのが、テイクバックしたときに、しっかり上半身が捻れているか。テイクバックが小さくても、上半身を捻ることでパワーが蓄積され、スイング段階に入ると、腰がまわって肩→ヒジ→手首が動作してラケットのヘッドスピードが高まる。

POINT 02

バックハンド

ボールが飛んでくる方向に肩を向けて、両手で持ったラケットを小さく引いて構える。

トップ位置からラケットを振ってボールをインパクトする。

大きなGRFを得るために拇指球で地面を蹴る

> ❗ 軸足をセットしたところで「レッグドライブ」の動作で地面を強く押し込む。この動作を入れることにより下半身で大きなパワーを生み出し、スムーズな重心移動を可能にする。

フォアハンド

重心を移動する際に、拇指球を使って地面を押し込む。

レッグドライブの動作で
大きなGRFを獲得する

　フォアハンドでは、軸足になる右足、バックハンドでは左足の形をきちっと
セットすることが大事。

　その足で地面を「グッ!」と押しながら、前足に重心を移動していく。この動
作を「レッグドライブ」という。

　足底の拇指球で、地面を押し込むように蹴る感覚を意識してスイングしよう。

　この動作を入れることで、効率よくGRFを得られると同時に、スムーズに前方
に足を踏み出す動きにつなげることができる。このとき、前足のツマ先は打球
方向に向いていると、よりスムーズにボールに力を伝えやすい。

バックハンド

バックハンドでも軸足をレッグド
ライブして、前方向に重心を移
動する。

壁づくり

前足の内側で
力を受け止める

 GRFを体幹や上半身に伝えていく。このプロセスで力をロスしないためには、前足の内転筋群(壁)で力を受け止めることがポイントになる。

フォアハンド

地面を蹴って得たエネルギーを前足の内転筋群で受け止める。そうすることでラケットのヘッドスピードが加速する。

前足の内側で力を止めてパワーのロスを防ぐ

　レッグドライブで得た GRF を下肢、体幹、そして上半身へとつなげていく。軸足から前足に重心移動しながら、いかにエネルギーをロスなく伝達するかがポイント。特に前足から重心移動した方の足の内転筋群（壁）で、しっかり受け止める動きが重要になる。

　そうすることで地面を蹴ったエネルギーは、下半身と体幹で連動しつつ、インパクトに向けてラケットヘッドが加速する。ヒザが割れてしまい力が逃げたり、パワーを受け止め切れずに体が突っ込んでしまうと力のロスにつながるだけでなく、正確にボールをとらえることができなくなる。

バックハンド

> バックハンドでも踏み出した足側で壁をつくり、パワーを足の内側で受け止める。

足底を意識して
感覚センサーを呼び起こす

 プレー中のシューズの中で、足底や足指はどのように機能しているのだろうか。足底や足指の感覚を呼び覚ますトレーニング方法などに着目する。

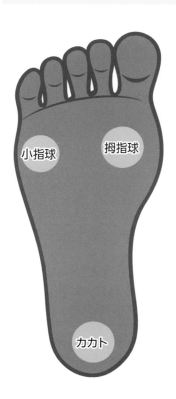

小指球

拇指球

カカト

POINT 01

シューズの性能に頼りすぎると
拇指球と5本指の動きが鈍る

　拇指球は、その力で地面を蹴ったり、押し出す役目がある。5本の指はそれぞれが地面をつかんでグリップし、足底や体全体のバランスをコントロールしている。このような動作をシューズの機能に頼ることで足底全体の感覚が鈍くなってしまう。時々、裸足になって足の感覚を磨くことが大切だ。

+1 プラスワンアドバイス

トッププレーヤーたちが
取り組む足底トレーニング

　日本のトッププレーヤーであるダニエル太郎選手や島袋将選手は、足底や足指を鍛えることを意識したトレーニングをしている。下駄を履いて歩くなども1つの例。バランス感覚を養ったり足底の感覚センサーを呼び起こす、人間としての原点回帰がテーマと言える。

指1本1本がグリップして
大きなGRFを得る

　テニスシューズの性能は、進化しながらバリエーションも増加している。スピード系の軽いシューズやカカトがしっかりした安定系のシューズなど、プレーススタイルに応じたラインナップがある。

　しかし、シューズの性能アップと逆行するように、プレーヤーの足底の感覚は、鈍くなっている傾向がある。シューズのなかは、5本の指が一塊になってしまい、シューズの性能によって動作が補完されているイメージ。これでは得られるGRFも減少してしまう。

　それでも自在に動けてしまうほど、現代のシューズの性能は高いわけだが、本来は指1本1本が地面をつかんで動き出すことが理想だ。足底の感覚センサーは敏感であった方がいい。

POINT 02

足底の感覚を磨き、機能を改善する

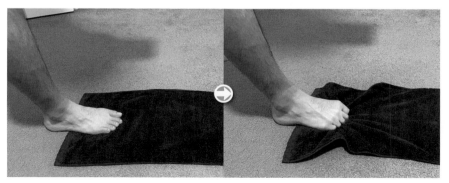

　足底は身近なアイテムで鍛えることができる。タオルを指で引き寄せる「タオルギャザー」。床にひいたタオルを足指の力だけで引き寄せる。さらに足指でグー、チョキ、パーでジャンケンしたり、ビー玉やスーパーボールを足指でつかむなども効果的なトレーニングになる。

FILE 17

肩とヒジ、力のベクトルを揃えてインパクトする

 自分の打点でボールをとらえるとき、下から上へと伝わったパワーをラケット面に集約する。肩とヒジ、手首を打球方向に合わせることで強いボールが打てる。

ムチのようにしならせてヘッドスピードをあげる

　ボールをインパクトするときは、肩とヒジ、手首が打球方向に向いていることで力のベクトルが一致し、強いボールを打つことができる。

　小手先で何かしようとしても、力には限界がある。関節同士で影響し合い、同じ方向に力を発揮することで大きなパワーに変換していく。この運動連鎖をインパクトで意識することがポイントだ。

　GRF で得られたパワーは、下半身から体幹へと伝わる。体を捻った状態から、まず胴体を回転させ、肩→ヒジ→手首の順番で打球点にラケットを振っていく。そうすることでラケットのヘットが走り、ムチのようにしなるスイングが可能になる。

POINT 01

ヒジを伸ばして
打点を前にとる

　各関節の方向とボールを飛ばす方向を一致させてスイングする。インパクトでヒジは伸び、打点は体の前におく。胴体を回転させて、その勢いにつられて肩、ヒジ、手首を振り出していくイメージでスイングするとラケットヘッドが走る。

POINT 02

インパクトが後ろになると
運動連鎖がスムーズに働かない

　ボールを後ろでとらえると、関節の力が入る方向がバラバラになり運動連鎖がスムーズに働かず、エネルギーロスが起こる。ヒジを不自然に曲げすぎて打球するとケガの要因にもなる。

POINT 03

ベクトルを一致させて
ラケットヘッドスピードをあげる

　各関節とボールを飛ばす方向を合わせてベクトルを一致させる。体の前に打点をとり、インパクトではヒジが伸びたストレートアームが理想。

頭の位置をキープして
運動連鎖をスムーズに行う

まっすぐな体の軸がキープできていれば、捻りの力は運動連鎖となってスムーズにラケットに伝わる。スイングの過程で、どのように体の軸を意識すれば良いか確認する。

POINT 01

インパクトでは頭と重心が体の中心にあることで、一番力の入るポイントでボールをとらえることができる。

バックハンドでも頭を前後せず、体の中心に重心を置いてボールをインパクトする。

頭の位置が前後に
ブレないよう軸をキープする

　ストロークは、捻られてたところからの腰の回転と肩→ヒジ→手首が運動連鎖してラケットをスイングする。

　一連の動きでは、常に体の軸を意識することが大事。肩のラインを地面と平行を保ち、軸がまっすぐな状態であることで体幹がスムーズに回転する。

　軸を意識する際は、頭の位置がポイント。頭が前後にズレてしまうと正しく運動連鎖が行われない。背筋を伸ばしながら軸を保ち、頭の位置もできるだけ動かないようにスイングすることが大切だ。

　現代のテニスでは、両足をつけない状態でも強いボールを打つことが求められる。これはハイレベルなテクニックではあるが、片足だけで軸をとっても体の軸自体は、まっすぐに保てるような体幹の筋力も必要になる。

POINT 02

体が前に突っ込み、小手先でスイングするようなかたちになっている。

体が後傾になってしまい、ボールを正しいインパクト位置でとらえることができない。

FILE 19

打球点を確認しながら繰り返し練習する

実際にボールを打とうとすると、頭でイメージした通りに動くことは簡単ではない。まずは半面コートで移動距離を抑え、自分の打点やスイングをチェックする。

簡単なボールを繰り返し打つことで土台をつくる

　ストローク上達のドリルとしては、最初からコート全面で打つのではなく、打球点への移動距離が少ない半面コートからスタートする。錦織圭選手のジュニア時代は、より多くの時間をこの半面コートでのストローク練習に割いたと言われる。

　半面コートで正しく動くことができれば、成長とともに筋力やフィジカルがアップしたとき全面コートでも正しく動くことができる、というプログラムがあるからだ。

　初心者の場合は、手出しのボールを返球する練習を繰り返すだけでも良い。自分の打点を確認しながらボールを打ち込んでいくことを繰り返す。広いコートで飛んでくるボールを追いかけると、どうしてもボールに合わせる打点の取り方になってしまう。自分のかたちを固めることが練習の大きなテーマとなる。

POINT 01

半面コートに限定した
ボールを返球する

　ボールにアジャストしていくことは大事だが、まずは自分の打点で打つこと練習を繰り返す。半面コートに出される簡単なボールをしっかりとらえ、強いボールを返球することで土台となるかたちづくりに取り組む。

POINT 02

手で投げしたボールを
繰り返し返球する

　手で投げるボールは変化もせず、初心者でも打ちやすい。最初は手で投げたボールをあまり動かずにヒットする。自分の打点で正しくインパクトすることが大事。繰り返し練習して体に覚え込ませる。

POINT 03

ラケットで打ったボールに
対して打点をあわせる

　ラケットで打つボールは、ゲームと同様な「生きたボール」に近くなる。ある程度、自分が動いて打点をあわせる作業が必要になる。常に力の出るポイントでボールをインパクトできるよう正しいかたちでヒットする。

空中で軸をキープしながら 体の前の打点でインパクト

ストローク中の体の軸を意識できるようになったら、応用の テクニックにチャレンジ。空中に飛びながら強打する「ジャ ンプショット」の技術ポイントをチェック。

ジャンプショット

待球姿勢で構える。

コンパクトなバック スイングに入る。

軸足の拇指球で 地面を押し込む。

地面に足がついているときと同じようにスイングする

ストロークの上級編としては、片足立ちとなって打球したり、ジャンプして打球するテクニックがある。特にジャンプショットは、空中に浮いてる間でもバランスを維持できる体幹の力や筋力が必要になる。初心者が見よう見真似でやってみても正しく動作することは難しい。

空中では、地面に足がついた状態と同じように軸をキープすることが大切。地面から得られた力のベクトルを打球方向に向けていくことがポイントになる。

空中に飛びながら、インパクトを調整しつつ体の前に打点をとる。スイングは地面に足がついているときと同じように、「腰→肩→ヒジ→手首」の順番でラケットを振り出していく。

押し込んだ力を利用して前方向にジャンプ。

姿勢を維持しながらインパクトに向けてラケットをスイング。

着地したら次のプレーに備える。

打球方向に対して 力のベクトルを向ける

　ジャンプするタイミングが合わないと、ミスショットにつながりやすい。ジャンプすることによって GRF が上にいって力が分散したり、バランスを崩しやすいので注意する。

　地面に足をつけて打つときと同じように、打球方向に対して力のベクトルを一致させる。

ジャンプが上方向になっている。

打点とジャンプのタイミングが
あっていない。

体が折曲って力強いスイングが
できない。

PART 3

サーブ＆
レシーブの
精度をあげる

段階を踏んだプロセスで サーブをレベルアップ

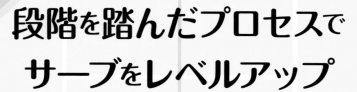

! どんなに強烈なサーブが打てても確率が低ければ意味がない。サーブにおいても再現性の高いフォームが重要。サーブ上達のためのプロセスを知る。

歴史的背景やルールの変更により 本来の目的が変わったサーブ

テニスで使われれる「サーブ」という用語は、「相手が打ちやすいボールを提供する」という意味からスタートしている。しかし、テニスの歴史的背景やルールの変更、ラケットの進化なども相まって、現代では、「いかに相手にとって返球しにくいサーブを打つか」という目的を持つにいたっている。

初心者の段階で、プロや上級者のようにサーブを打とうと思っても、サービスエリアには入らずボールはネットに引っかかったりオーバーしてしまうことが多い。サーブの打点とネットの高さ、ボールを弾ませたい位置に対する総合的な関係を理解し、ボールの軌道などを明確にイメージすることが大切だ。

初心者が中級、上級とステップアップしていくには、正しいプロセスで上達することが大事。まずは安定してサーブを入れることからスタートし、中級になると、そのサーブをスピードアップする。さらに上級になるとサーブにキレのある回転をかけたり、コントロールの精度をアップさせる。

POINT 01

シンプルな動作で
サーブの安定をはかる

　初心者の段階では、フォームの再現性が低くなる。できるだけラケット面を相手に見せて、その面をキープして送り出すようなイメージでインパクトする。まずは相手コートに確実に入るサーブを身につける。

POINT 02

スピードをアップして
取りにくいサーブを打つ

　最初は自コートのサービスラインから打つ。そこでサーブが成功したら、1歩さがり、成功したら1歩さがりを繰り返す。空間の認知（スペーシング）、力感覚（グレーディング）、時間感覚（タイミング）を意識しながらひとつひとつ成功体験を積み重ね、最後は通常のサーブの位置からサーブを打てるようにする。

POINT 03

サーブに回転をかけて
キレのあるボールを打つ

　スピードがあるボールを打てるようになったら、ボールに回転をかけてサーブのバリエーションを増やす。打球面にボールの当て方を工夫し、振り抜きの方向を変えることでボールの回転や軌道に変化をつける。

+1 プラスワンアドバイス

狙ったところに
サーブをコントロールする

　サーブのコントロールは、ゲームの戦略上で重要な要素。最初の段階では、打ちたい方向に足を踏み込んでラケット面を押し出すようにスイングする。上達レベルがあがったら「ワイド・ボディ・Tゾーン」に打ち分ける。

安定したサーブを打って ゲームをスタートする

サーブはテニスにおいて唯一、自分主導で打つことができる テクニック。そこでのミスは致命的でゲームが成り立たない。まずは安定的なサーブを身につける。

POINT 01

羽子板のようなサーブを打つ

打球面を打ちたい方向 に向けて構える。

軽くトスをあげ、ラケット を振ってインパクト。

ボールを送り出すよう にスイングする。

羽子板のように打つサーブで
相手コートに確実に入れる

　サーブの原点は相手コートに打ちやすいボールを出し、返球してもらうことだ。ルールにおいても2球続けて失敗(フォルト)してしまうと、相手のポイントになってしまう。まずは確実に入る安定的なサーブを身につけ、そこから徐々にスキルアップしていくことからスタートする。

　サーブは、唯一相手に邪魔されることなく、自分主導で打つことができるテクニックであるため、クローズドスキルに分類される。つまりメンタル的な緊張さえコントロールできれば、決して難しいテクニックではない。

　最初はラケットを振りかぶったりせず、スイングのスピードを出さずににラケット面を相手方向に送り出すイメージ。振りかぶってラケットヘッドを動かし、ボールを叩くとスイートスポットに当たらずコントロールできない。

POINT 02

打球面をキープして
相手コートに送り出す

　ボールをラケットで叩いてしまったり、手首で操作しようとすると制御できないラケットヘッドの加速がおきる。初心者の段階では、フォームの再現性が低くなる。できるだけラケット面を相手に見せて、その面をキープして送り出すようなイメージでインパクトする。関節をあまり可動させないことがポイント。

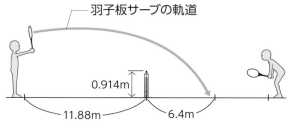

羽子板サーブの軌道

0.914m

11.88m　　6.4m

FILE 23

スピードアップしながら強いサーブを打つ

!
サーブが入るようになったら、徐々にサーブのスピードをアップ。このとき、いきなりベースラインから打つのではなく、上達のドリルに沿ってマスターする。

POINT 01

自コートのネット寄りから打って徐々に後ろにさがる

　最初は自コートのサービスラインとネットとの中間から打つ。そこでサーブが成功したら、1歩さがり、成功したら1歩さがりを繰り返す。最終的に成功体験を積み重ね、最後は通常のベースラインの位置からサーブを打てるようにする。

POINT 02

再現性が低いフォームでは フォルトする確率が高くなる

　成功体験を知らず、ただ闇雲に強いサーブを打とうとしても難しい。仮にサーブが入ったとしても再現性という点では疑問符がつく。ベースラインから相手コートまでの距離を見たとき、必要以上の力が入ってオーバースイングになってしまう。自分自身の技量に対しての過信は禁物。

POINT 03

至近距離から打つことで ネットの高さを意識する

0.914m

　フォルトの多くの要因としては、ネットミスがあげられる。ネットに近づけば近づくほど、ネットミスするリスクは減る。0.914mのネットの高さに対しての感覚を養うことも大事。距離が近いほどイメージがつきやすい。

成功体験を積み重ね 理想のサーブを手に入れる

　サーブのスピードアップは、上達のプロセス第2段階では大事なテーマだが、一足飛びには行えない。せっかく身につけた安定的なサーブが、スピードと相手コートとの距離を意識したとき、オーバースイングになってしまうことがある。

　サーブの確率は、ゲームの勝敗を左右する重要な要素。確率をキープしつつ、スピードもアップすることが求められる。

　サーブのスピードをあげるプロセスでは、相手のサービスエリアにコントロールしつつ、スイングのスピードを初期段階からアップしていく。そのためには、通常のサーブを打つ位置より前に出て、サーブの距離を短くしたところから打つ。確実に入るサーブを維持しながら、成功体験を積み重ねてサーブ位置を後ろにさげ、最終的にはベースラインからサーブを打てるようになることが理想だ。

FILE 24

ラケットワークを簡素化して サーブの確率をあげる

 サーブが続けて2つ入らなければ、即失点になる。サーブで求められる成功率は7割。このパーセンテージを意識しながらフォーム固めに着手する。

POINT 01

コンパクトなスイングで 再現性を高める

ボールを持ってサーブの構え。

ラケットをコンパクトに後ろに引く。

できるだけラケットを大きく動かさず、「トロフィーポジション」をとる。

再現性が低くなる可能性がある
軽いラケットのデメリット

　ラケットが重い時代と比べ、軽いラケットの登場によって操作性が抜群にアップした。ウッドのラケットでは、手首を固定し押し出すようにスイングする。ボールにしっかりコンタクトできる一方、操作性は低かった。

　軽いラケットになると、大きく振りかぶったり、打球面で回転をかけられるなど、簡単にラケットを操作できるようになる。それゆにえにフォームの再現性が低くなり、サーブの確率が落ちてしまうことは避けなければならない。

　基本的には、ラケットワークをより簡素化することが大事。特に初期段階では、ラケットを大きく動かさない。視界から見える範囲内にラケットを収めることがポイントだ。フォームが大きくなればなるほど、体幹の力が必要になり、バランスを整えるのも難しくなる。

POINT 02

フォームが固まったら
スピードアップや回転に取り組む

キック
スライス
フラット
スライス

　マグレ当たりを思い描いて、闇雲にラケットを強く振ってサーブは入らない。まずは再現性の高いフォームを身につけたところで、スピードアップやボールの回転に取り組む方が方が上達のスピードは早い。

+1 プラスワンアドバイス

ゆっくり丁寧に
スキルアップしていく

　運動スキルのマスターは、字を覚える手順に似ている。我流でやってしまうと、なかなか上達は見込めない。最初は基本の点画をおさえて字形を学ぶことが大事。テニスにおいても正しい動作を身につけて、その上でゆっくり丁寧に肉付けしていく。

正しいトスで
サーブの確率をアップ

サーブを打つ上でトスは重要な要素。打点高を求めるあまりに、トスが高くなりすぎないよう注意。トスの方向やリズムを意識することで精度が高いサーブが打てるようになる。

高身長でないならトスを
低くしてコントロールを重視する

　鋭角にサーブを打ち込もうとしたとき、より打点を高く取りたいところだが、必ずしもトスを高く、そして頂点でとらえる必要はない。むしろトスの高さを設定したところで、頂点のやや下がちょうど良い。そこにタイミングを合わせフォームの再現性を維持することが大切だ。

　身長が2mあるようなプレーヤーは、打点が高いのでネットアウトのリスクは低い。しかし、一般的な身長ならばトスをある程度、低くして山なりな軌道のボールでコントロールすることを優先したい。

　特に初期段階では、安易にジャンプして打つことは避けたい。ジャンプとインパクトのタイミングを合わせたり、空中での姿勢の維持は難易度が高い。ジャンプせず足をしっかりつけて地面反力を得る方が強いサーブを打てる。

　また、腕は鎖骨の延長線上にあり、体の横についてるイメージ。トスをあげた手は真上ではなく、頭の位置を12時とすると1時ぐらいの位置にトスをあげる。耳をこするような、12時のところで打つサーブは、スイングが窮屈になりケガのリスクもある。

POINT 01

トスは真上ではなく斜め上方にあげる

サーブを横からの分解写真で見ると、トスは腕をまっすぐ真上にあげているように見える。しかしサーバーの後方からのアングルで見ると決してそうではない。右利きなら1時、左利きなら11時を示している。

POINT 02

リズムを意識してサーブを打つ

サーブを打つときはリズムを意識することも大事。「バックスイング→トロフィーポジション→インパクト」の流れのなかで、「イチ、ニィ〜、サン!」というようなタメやメリハリをつくる。常に同じリズムやタイミングでインパクトできるよう工夫する。

ニィ〜

+1 プラスワンアドバイス

トスは高くあげるだけがすべてではない

筋力のないプレーヤーが無理にジャンプして打点を高くとっても再現性の点では、疑問符がつく。山なりの軌道であってもコントロールを重視したり、スキルの進捗に応じてボールに回転をかけていくなど工夫することができる。

FILE 26

打点の高さで足りない部分を
サーブの技術で補う

 世界のトップでサーブを得意としている選手は、軒並み高身長のプレーヤーが多い。身長の高さとサービスの打点との関係について考える。

POINT 01

自分の身長から打点高に対しての数字を算出する

例えば身長170cmで打点高を求めると、「170×1.5＝255」となる。理想の打点高とされる2m.61.1cmに約6cm及ばない。この6cmを補うためにジャンプを入れて打点を高くすることも可能だが1試合を通じて安定的なジャンプができる体力が必要だ。

ジャンプでは打点高をとることが難しいプレーヤーは、フラット系の速いサーブではなく、ボールに回転をかけてボールのキレや弾みで相手のレシーブミスを誘う。

DATA

身長	cm×1.5 (150%)
	⇩
打点高	cm

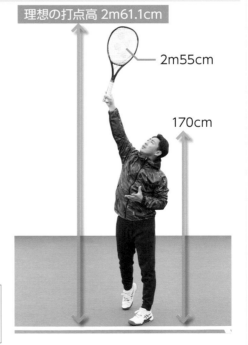

理想の打点高 2m61.1cm

2m55cm

170cm

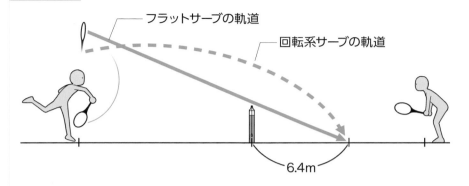

フラットサーブの軌道

回転系サーブの軌道

6.4m

自分が持っている打点の高さは、身長の約150パーセント。まずはボールに対してまっすぐ当てていくところからスタート。打点の高さが足りなければ、少し回転をかけて変化させるサーブを打つのが上達のプロセスだ。

フラットサーブの成功率の鍵は
打点の高さとボールの軌道

フラットサーブなど直線的な軌道でサーブを入れようとしたとき、ネットにギリギリ触れず打球がサービスエリア内にバウンドさせるためには、三平法の定理を使うと 2m61.1cm の打点の高さが必要という計算になる。

本来、自分が持っている打点の高さは、身長の約 150 パーセントの位置と言われる。これが 2m61.1cm に何 cm 足りていないのか、十分に足りているのかがポイント。足りている高身長のサーバーは、自分の打点で強いサーブが打てるよう練習するだけでいい。

一方で足りていないサーバーは、それを補うためにジャンプ動作を入れたり、フラットサーブではなく回転系のサーブを打つことも一考したい。

FILE 27

トスアップしたボールの左側から見る

再現性を維持しながら、徐々にスピードアップするには体の捻り戻しの動作がポイント。トロフィーポジションでの動作とボールの見方によって体の使い方が大きく変わる。

トロフィーポジションの位置で体の捻り動作を入れる

　トスに対してはトロフィーポジションをつくり、体幹を止めてボールを待つ時間が生まれる。しかし、落ちてくるボールに対してスイングを合わせてくいく作業は、風に煽られたり、太陽の光と被ったりして難しい局面などもある。

　トロフィーポジションに入る過程で、下からラケットを大きくまわして振りかぶってしまうと、視界から消えたラケットはコントロールしにくくなる。ラケットの移動距離を最短にしてトロフィーポジションをつくることがポイント。

　球速アップのために捻り戻しの動作を入れるときは、体をただ捻るだけでなくトロフィーポジションをしっかり維持すること。このときトスアップした手の左側からボールを見るイメージを持つと良いだろう。そうすることで球速はアップしつつも、フォームの再現性は維持できる。

POINT 01

捻りすぎに注意して
ボールを左側から見る

　トロフィーポジションで少しでも体が捻れていれば、球速アップには効果的な動作となる。捻りすぎてしまわないよう、最初はトスアップしたボールの左側から見る程度で行う。

POINT 02

運動連鎖を意識して
インパクトでピークに達する

　体の捻り戻しとインパクトのタイミングを合わせることは簡単ではないが、熟練度が高まれば確実に球速はアップする。下半身から受けた運動連鎖がインパクトでピークに達するよう練習する。

FILE 28

段階的にステップアップしながら
フォームの再現性をキープ

> サーブがある程度、入るようになると「もっと速いサーブを打ちたい」という思いになる。しかし焦りは禁物。段階のプロセスを理解して次に進む。

スピードと確率は
トレードオフの関係

　ボールを送り出すような、安定的なサーブができるようになると、スナップを効かせたり、腕のスイングのスピードをあげてしまいがちだが、これは間違った取り組みだ。スピードと確率には、トレードオフの関係があり、スピードを出せば確率は落ちてしまうので注意しよう。

　手や腕など小さな筋肉を可動させるのではなく、再現性を高めるためには大きな筋肉を使って動作することがポイント。サーブの打球方向に対して、体を持っていくようなイメージで動作する。

　それができるようになると、次は「少しだけ体の捻り戻しを使ってみる」「足の曲げ伸ばしを少し使ってみる」など段階的にステップアップできる。これらの要素を取り入れることで強いボールが打てるようになるが、同時に再現性はキープすることが大切だ。

POINT 01

末梢の筋肉に頼ると力みが出る

腕には非常に小さな筋肉が集まっている。手首の関節や前腕、上腕二頭筋や上腕三頭筋などに頼っていくと大きなパワーは出せない。これら末梢に力が入れば入るほど力みが出てたり、ケガや故障にもつながる。

POINT 02

成功の力加減を把握して打つ

打球の飛距離が求められる野球と違って、テニスはコート内にショットを収めなければならない。自分がどれぐらいの力加減で打ったらフォルトになるのか、どれぐらい叩いたらネットしてしまうのか、「成功の力の加減」を把握する。日頃の練習では、力感覚（グレーディング）を探るというような努力も大事。

+1 プラスワンアドバイス

筋力不足ではフォームは維持できない

トレーニングの実験では、サーブを10球打った後に、自体重でスクワット10回×2セット行い、もう1回サーブを打ったところ、初心者の人ほど影響が大きいというデータがある。サーブでヒザの曲げ伸ばしを入れることで確実にスピードはアップするが、筋力が伴わないて状態で行うとフォームは維持できない。

プロテニスプレーヤーは体幹を強化するトレーニングを大会期間中でも欠かさず行っている。筋力不足では1大会5試合を勝ち抜くことはできない。（写真提供：プロテニスプレーヤー島袋将、大瀧レオ祐市トレーナー）

ボールの当て方や振り抜き方向を変える

1stサーブがフラット系のスピードボールなら、2ndサーブでは回転をかけたスピンやスライスサーブを打つプレーヤーが多い。打ち分けにはどんなコツがあるのだろうか。

POINT 01

フラットサーブ　　　　　　　　スライスサーブ

フラットサーブは打球面に対し、ボールの中心からやや上位置を当てていくイメージ。打球は速いスピードで直線的に進む。

スライスサーブは打球面に角度をつけて、ボールを切るようにインパクト。ボールは曲がりながら切れていく。

スイングスピードを加減せず 同じ強さでスイングする

　サーブには 1st サーブと 2nd サーブがあり、プロレベルの 1st サーブの強打は、戦術的にも重要でゲームの勝敗を大きく左右することもある。

　そのため 1 球目はフルスイングで強打し、入らなければ 2 球目で力を抜いたサーブを確実に入れにいく初級レベルのプレーヤーがいるが、これは効果的な方法とは言えない。力の強弱でヘッドスピードで調整すると、スイングが一定にならず 1st、2nd ともに別の打ち方になってしまう。これはフォームの再現性にも大きく影響する。

　プロテニスプレーヤーの場合、スイングスピード自体はほぼ変わらない。ただボールに対して、当て方やスイングの方向を調節し、回転をかけていく。回転をかけない場合は、サーブの速度をあげるための振り抜きの方向を変え、調整しているのだ。

キックサーブ

キックサーブは打球方向に対してボールの後ろ側からこすりあげるようにインパクト。ボールは前進回転で飛び、バウンド後に大きく弾む。

2度のサーブ機会で 確実に1本入れる

　初級・中級者の目指すところは 1stと2ndサーブの打ち分けではなく、一種類のサーブを二回打つなかでどちらかで決めることを優先すべき。フラットサーブまたはスライスサーブ、キックサーブどれもスイングスピードを一定にし、ラケット面のボールの当て方や振り抜きの方向で調整する。

ジャンプサーブ

空中で**姿勢**が維持できる
筋力を備えて高打点で打つ

中上級のレベルになると、軽いジャンプ動作を使って、強いサーブを打球する傾向がみられる。練習の開始時は、多少のフォルトやエラーがあっても焦らずスピードアップを目指してチャレンジする。

ジャンプサーブ

ボールとラケットを構えてサーブに入る。

斜め前、1時の方向にトスをあげる。

トロフィーポジションで体を捻ってタメをつくる。

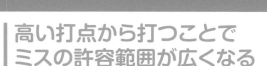

高い打点から打つことで
ミスの許容範囲が広くなる

　ジャンプすることでフォームの再現性は難しくはなるが、打点が高くなればなるほど、「誤差の許容範囲＝マージンオブエラー」が広くなるという科学的根拠がある。つまり、トスが少しブレたとしても高さと角度があるので、低い打点で打つよりもサーブが入る確率が高いのだ。

　ジャンプの蹴りあげで高い打点をとることで、ラケットが少し遅れて下から突きあげヘッドの加速を助長する。インパクトの瞬間は、空中であっても体幹的に力が入った状態でしっかり体が止まっていることがポイントだ。

　ジャンプして高い打点でサーブを打つ段階では、腹筋や背筋、体のバランスを保つ体幹部の筋力が備わっていることが大事。空中でしっかり体が止まることで、末端である腕やラケットが走る。

ヒザを伸ばしジャンプして、打点に向けてラケットを振り出す。

打球面にボールの中心からやや上位置を当ててインパクトする。

着地したら次のプレーに備える。

カーブする軌道をコントロールして
安定したサーブを打つ

球速メインのフラットサーブに頼りすぎると、レシーバーに
タイミングをつかまれ、強打されてしまう。ボールの回転と
軌道の関係を理解して、逃げたり、食い込むサーブでレシー
ブを崩す。速度と確率に負の相関関係があることを学ぶ。

スライスサーブ

ボールとラケットを構えてサーブに入る。

斜め前、1時の方向にトスをあげる。

トロフィーポジションで体を捻ってタメをつくる。

カーブ軌道の逃げる球種で
相手のレシーブを崩す

　テニスではおもにフラットサーブとスライスサーブ、キックサーブという、3種類のサーブが使われる。スピードはフラットサーブが最も速く、回転量はキックサーブが1番多い。スピード系の要素と回転の要素を持ち合わせているのがスライスサーブだ。

　スイングはフラットサーブより、打球面に角度をつけて右側前方向に振り抜くことがポイント。ボールの打球面への当て方を微調整しながら理想の回転を探る。

　打球は右利きのサーバーであれば左側にカーブし、切れる方向に逃げていくイメージ。1stサーブにも2ndサーブにも有効的に使用できる。

体を伸ばし、打点に向けてラケットを振り出す。

着地したら次のプレーに備える。

打球面に角度をつけて、ボールを斜めに切るようにインパクト。

キックサーブ

11時の方向にトスをあげ
ラケットを右上に振りあげる

中上級者になって、求めていたスピードアップがある程度の
ところで頭打ちになると、次はボールに強い回転をかけて、
相手レシーブのバランスを崩しにいく。

キックサーブ

頭上を12時とする
と、11時の方向に
トスをあげる。

ボールとラケットを構
えてサーブに入る。

トロフィーポジショ
ンで体を捻ってタ
メをつくる。

高く弾ませて右方向に
相手を追い出すサーブ

　ボールが弾んだ後に、跳ねあがるようなキックサーブは、コートサーフェースや試合の駆け引きによっては、1stサーブから使える強烈に変化する一打。ボールに強い回転をかけるためには、フラットサーブのようなスピードを出すためのスイング軌道とは異なる、ラケットの振り抜きの方が必要になる。

　フラットサーブのトスは頭上を12時とすると、12時から1時の方向が基本。キックサーブは、高く弾ませて右方向に相手を追い出すような打球にするため、ラケットを右上に振りあげすい11時の方向にトスをあげる。本来トスは打点は、高い位置が理想だがキックサーブにおいては、振りあげていく段階でボールをとらえるので高さを意識する必要はない。

　頭上を12時とすると、11時の方向にトスをあげて、背中が反るポジションを取ったとき、それを戻すような筋収縮を体幹で起こせるかどうかもポイントになる。

軽いジャンプから打点に向けてラケットを振り出す。

ボールを下からこすりあげるようにインパクト。

着地したら次のプレーに備える。

プレースタイルに応じて 足の並びを変える

> サーブに磨きをかけていく段階では、「スピード重視」または は「回転重視」のいずれかによって構え方に違いが出てくる。 自分のプレースタイルにあった構え方を知る。

トップ選手たちのデータから見る サーブのスピードと回転数の違い

　サーブを打つときの構え方には、「フットアップ型」と「フットバック型」という2つのタイプがある。この「足を寄せるか」「寄せないか」の違いは、プレーヤーの打ちやすさによって決める傾向があるが実際にデータから検証して見るのも良いだろう。

　日本のトップ選手たちのフットアップ型とフットバック型を比較したデータによると、サーブの速度には大きなさは見られなかったが、回転数に差が認められた。海外の論文も同様に検証すると、「フットアップ型」で足を寄せて打つ方が、下から上方へ伸び上がる力が強くなるので回転をかけやすくなる。一方、足を寄せない打ち方である「フットバック型」では、後ろ足で前方向に蹴る動作で、並進的な前パワーが生み出されサーブの速度アップに好影響を及ぼすと言われている。

POINT 01

回転量を増やすために足を寄せた構えから打つ

「フットアップ型」は上方向に蹴りあげる力が強く、ラケットの振りあげを加速することができ、サーブの回転量を増やす打ち方に適している。上方向に飛ぶため、フットバック型よりも前にダッシュするスピードはやや遅くなる。

POINT 02

足を寄せずに構えてサーブダッシュを狙う

実は「フットバック型」はサーブを打ってからネットに出て行くプレースタイルに適している。サーブの打球後、サービスラインに到達する時間はフットアップ型よりも速い。前方向への力も強いためサーブのスピードアップにも効果がある。

DATA

　世界4大大会におけるスタンステクニックの調査を行ない、72.4%の選手がフットアップを採用していることが明らかとなった。
　なかでも選手のゲームスタイルに応じたスタンステクニックの選択に着目すると、サーブアンドボレーを採用している選手の約50%の割合でフットバックを採用していることに対し、ストローク主体でプレーをしている選手は6人に1人しかフットバックがいないと述べている。

相手のサービスゲームを
ブレイクしてゲームを優位に進める

! サーブの高速化や回転量の増加によって、サーバーの優位性が増している。どうすれば相手のサービスゲームをブレイクできるか考えてみよう。

コースを予測したり、ポジショニングを工夫してレシーブする

　レシーバーは、スピード系のサーブと回転系のサーブに対して的確に反応するためのレシーブ力が求められる。

　男子プロでは、サービスゲーム側が8対2あるいは7対3で有利といわれ、レシーバーは、まず相手サーブを返球して状況をイーブンに戻さなければならない。しかし、200km/hにも迫るようなサーブに対しては、インパクト後に動き出しても間に合わない。サーバーのトスアップを見てコースを予測したり、レシーブのポジションを後ろにさげるなどの工夫が必要だ。

　相手サーブが速い場合は、ポジションを段階的に後ろにさげることで、サーブのスピードを減速させる。そこから相手コート深くの安全なエリアにレシーブを返球し、3球目以降のラリーでポイントをとりにいくのがセオリーとされる。

POINT 01

1st サーブは
返球重視でレシーブ

　1stサーブは、まずは返球すること を重視する。強打したり、厳しいコー スを狙うというのではなく、相手コー ト中央の深いエリアにレシーブし、三 球目以降のラリーでポイントを奪い に行く。

POINT 02

レシーブのポジションを
後ろにさげて対応する

　速いサーブは、ポジションを後ろに さげて対応する。サーブのボールは 減速し、レシーバーは対応が可能に なる。対策がうまくいったとしても、 切れるサーブを外側や浅いところに 狙ってくる可能性もあるので注意。

POINT 03

チャンスがあれば積極的な
レシーブで相手を追いつめる

　2ndサーブにおいても返球重視は 変わらない。チャンスがあればアグ レッシブなレシーブで2球目からラ リーの主導権を握る。2ndサーブは スピードを制御した回転系のボール が多い。コースを読んで積極的にレ シーブしたい。

+1 プラスワンアドバイス

サーバーのトスアップや
動作から球種やコースを読む

　サーバーがあげる トスの位置によって サーブの球種やコー スはある程度、読む ことができる。トロ フィーポジションで の体の捻り具合や体 の向きなど瞬間的に チェックして、インパ クト後のコースを予 測する。

FILE 35

予測を超える高速サーブを練習で体感する

試合では、予想を超える速いサーブを打つサーバーと対戦することもある。200km/h超のスピードに対応するためのシュミレーション（模擬・疑似体験）とは。

POINT 01

**便利なアプリやソフトを使って
サーブのスピードを計測する**

サーブのスピードがわかっているとさまざまなことに利用できる。スピードガンやスマートセンサーなどのアプリやソフトを使って、サーブの速度を把握する。

専用の測定機器を使うと、ボールのスピードや回転量など詳しいデータも計測出きる。

BALL	BALL SPEED	SPIN RATE	ANGLE
3	175.0 Km/h	704 rpm	3.9D deg

DIRECTION	SPIN AXIS	CLEARANCE	BASELINE
6.4L deg	319 deg	37.6	5.6S

IMPACT DPTH	IMPACT HT	IMPACT SIDE	HEIGHT@NET
0.02 m	2.76 m	0.92R m	133.2 cm

サーブを前から打って
200km/h 超のスピードを体感する

アマチュアプレーヤーで「サーブが速い」と感じるスピードは、一般で180km/hぐらい、プロでは190km/hがアベレージとなる。トップ選手となると210〜230km/hぐらいのサーブが飛んでくる。

超高速サーブは、一体どのような体感スピードで飛んでくるのだろうか。そもそも、一般的に200 km /hのサーブを打球できる選手は多くなく、それをレシーブするチャンスも少ない。しかし、工夫することで200km /hのサーブをレシーバーに体感させることが可能となる。例えば、150km/hのサーバーが、ベースラインの手前6mから打てば、打点からサービスエリアに到達するまでの時間は200km/hのサーブと同じになる。

POINT 02

サーブの打つ位置を
手前にしてスピードアップ

サーブを打つ位置とコート内のボールが落ちる位置との距離と時間を計算する。150km/hのサーバーなら6m手前、160km/hのサーバーなら4.8m手前から打つと計算上は200km/hになる。

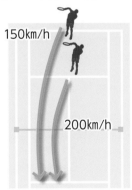

150km/h

200km/h

+1 プラスワンアドバイス

練習時のボールスピードを知って
段階的にレベルアップする

サービスラインの手前から打つレシーブ練習は、速いサーブに対しての反応練習としても取り入れる。サーブのスピードとベースラインからの距離で練習時のスピードスピードを把握することができ、練習者は段階的にスキルアップできる。

DATA

200 km/hのボールが23.77メートルを移動するのにかかる時間は、約0.428秒。150km/hのボールが23.77メートルを移動するのにかかる時間は、約0.570秒。200km/hのボールと150km/hのボールが同時に23.77m距離を移動した際に何mの差がつくかは、以下のように計算できる。
・0.428s − 0.570s ＝ 0.142s（時間的差）　※s＝秒
・0.142s × 150 km/h ÷ 3.6 = 5.91m（約6m）　※3.6 はkm/hをmに変換するための係数
したがって、200km/hで打球されたボールと150 km/hのボールが同時にレシーバーに到達するためには、後者の打球位置を約6m前方に設定する必要がある。

世界基準で活躍するには
身長 190cm 以上が必要 !?

　サーブリーダーズボード（サーブ評価表）を見てみると、サーブの取得率のトップの選手は身長196cm。2位の選手を見ても198cm、3位の選手が193cmと続く。

　身長の高さでいくと2m1cmという選手もいる。日本ランキングトップ10の平均身長が178cmと考えると、世界で活躍することの難しさを痛感させられる。

　身長とサーブは、「誤差の許容範囲＝Margin of error（マージンオブエラー）」に関係があると言われ、身長が高いほど、より高い打点から強いサーブが打てるため、ネットアウトのリスクを回避できることから、身長の低い選手よりもアドバンテージがある。世界のトップ10に入るようなプレーヤーは、常にサービスゲームで優位に立ち、ゲームを進めることができるのだ。

　しかしテニスには、サービスゲームだけでなくリターンゲームもある。走力や体力などのフィジカルを駆使し、技術や戦術も含めて総合的に勝負することもゲームの一部。その証拠に178cmの錦織圭選手は、長い期間、世界のトップ10内にランキングされていた。

PART 4

効果的な
ポイントの
とり方

相手サーバーの傾向を知ってサーブを予測する

瞬時に反応することが難しい1stサーブに対し、レシーバーはどんな心構えでリターンの構えに入れば良いのだろうか。数字的な根拠と自分の感覚をすり合わせる。

データを有効活用してサーブを予測する

　人間は目で見た情報を視覚野を経由し、運動野からの指令によって筋肉を動かす。これは「考えて動いてる」状態。アスリートがゾーンに入ったスーパープレーなどは、視覚野から直接、筋肉に指令が出される「認知を超えた」状態といえる。200km/h 超の 1st サーブに対してのリターンは、まさに、これまでの認知理論を超えたレベルでないと対応できない。これはトッププロの場合であり、一般のプレーヤーが実践できるものではない。

　プロのコーチングにおいては、データを有効活用する。対戦相手が打つサーブの傾向からコースを予測する。特にプレッシャーのかかる場面でどこに打ってくるか、その数字的な根拠（確率など）があればレシーバーの迷いは消え、自分の持っている読みや感覚ともすり合わせができる。

　「ティー、ボディ、ワイド」から１つに絞るのではなく、データから可能性の高いコースに比重を置きつつ、それ以外のコースにきたときはできる範囲で対応していく。

POINT 01

見た情報は視覚野を経由し
運動野から指令を出す

　脳では視覚や聴覚、触覚などの感覚情報を処理する領域がある。これを感覚野という。何かモノをみたとき、視覚野で情報が分析されて認知・判断される。それを経て体を動かす信号を送るのが運動野の働き。脊柱や骨格筋とつながり、動作に移す。

　視覚野を経て運動野から出させれる指令の流れは、優れたレベルのアスリートになると、視覚野を経由せず直接、運動野から動作の指令を出すことができる。つまり認知を超えたレベルの動作ができるのだ。

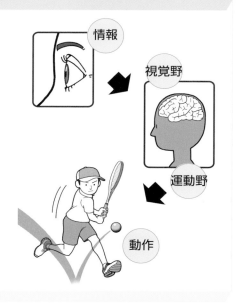

POINT 02

データから選手の
プレー傾向を把握する

■サービスデータ例

ファーストサービス

デュースサイド	T	BODY	WIDE
勝者	31%	11%	58%
敗者	32%	11%	57%

アドバンテージサイド	WIDE	BODY	T
勝者	40%	6%	54%
敗者	33%	17%	50&

セカンドサービス

デュースサイド	T	BODY	WIDE
勝者	30%	31%	39%
敗者	42%	35%	24%

アドバンテージサイド	WIDE	BODY	T
勝者	45%	35%	20%
敗者	41%	41%	19&

　プロの場合、多数の試合からデータを抽出し、その選手のプレーの傾向を知ることができる。勝った試合・負けた試合の「1stサーブの確率」をはじめ、「1stサーブのポイント率」「2ndサーブのポイント率」、プレッシャーのかかる場面で打ったサーブのコースなども数字としてあげられている。

POINT 03

対戦相手の試合を
チェックする

　アマチュアプレーヤーの場合は、まず対戦相手の試合をチェックすることが大事。どんなサーブをどこに打つか、プレッシャーのかかる場面でどんなサーブを選択するのか、把握しておくだけで対戦時に役立てることができる。

ゲーム中に布石を打って 大事な場面で回収する

ゲームの行方を左右する、重要度の高いポイントがいくつか ある。大事な場面でポイントを獲るための考え方を理解し て、相手との駆け引きに勝つ。

重要度の高い場面を 理解して確実にポイントを奪う

　プロテニスプレーヤー同士のラリーでは、スピードボールやトップ スピンの打ち合いのなかで駆け引きが行われている。特に重要度の 高いポイントをいかに獲るかが大事。

　ゲームカウント 15-30 や 30 オールから先のポイントを獲るか、失 うかでサーバー側のキープやレシーバー側のブレイクにつながる。 ルール上では、1 ポイントの価値に変わりはないとしても、重要度の 高いポイントを確実に獲ることができるのが強い選手。勝てないプ レーヤーは、その重要度を理解せずにプレーしている傾向がある。

　そうならないためにもゲーム中にいくつかの布石を打ち、ここぞの 場面で回収する戦術がセオリー。例えばスピード系やトップスピン系 のボールを中心の打球をしていたところで、チェンジオブペースとな る遅いボールのスライスを打って相手のタイミングを外し、ミスを誘 うのも方法のひとつ。

POINT 01

試合の序盤と終盤で
狙うコースを変える

　前に出てきたプレーヤーに対しは、試合の序盤ではクロスのコースに比重をおいて、パッシングショットを狙っていく。試合終盤の大事な場面では、ダウンザラインを狙って大事なポイントを獲る。

POINT 02

パッシングショットを
布石にしてロブを決める

　大事なポイントが訪れるまで、相手が前に出てきたときにはパッシングショットを打って対応する。仮にボレーで決められても、意識を足元やボレーに集中させる。パッシングの布石が効いたところで、相手のボレー待ちを逆手に、大切なポイントでロブを決める。

+1 プラスワンアドバイス

世界一流プレーヤーが注力する
重要なポイントとは

　世界一流プレーヤーが注力する重要度の高いポイントを調査した結果、30-40, -A, 30-30, Deuce, 15-30 であり、このポイントを獲るかどうかがゲームの行方を左右していることが分かった。

　試合中に、「ここ一本集中！」という声を聞くことがあるが、まさにキーポイント、ビッグポイントなのである。一方、それ以外のポイントでは、ミスを犯したとしても致命的にならないことを理解して、リスクを取ってでもチャレンジングな選択をすることが勝利の方程式なのである。

■重要度の高いポイント
30-40
-A
30-30
Deuce
15-30
■重要度の低いポイント
・サービスサイド
40－0
40－15
・レシーブサイド
0－40

FILE 38

肩を支点として
送り出すように打つ

相手ボールがコートに弾む前にダイレクトで打つボレーは、ポイントを獲るための決定打となることもある。ネットからの距離に応じたボレーの打ち方をマスターする。

ショルダーボレー

待球姿勢で構える。

前方にダッシュしながらテイクバック。

ラケットを横にして、打球面をボールに向ける。

サービスライン後方から
ボールを送り出すようにとらえる

　ボレーには、肩を支点に前に送り出すショルダーボレーと腕でパンチのあるボールを打つアームボレー、ネット前までつめて打つハンドボレーの3種類がある。ネットからの距離によって、ボールに対しての反応速度が変わるため、ネットに近づくほどコンパクトなスイングになる。

　ネットから一番、距離があるショルダーボレーは視界のなかにラケットが収まるよう動作することがポイント。インパクトの瞬間のちょっとしたズレがミスにつながり、ボールコントロールや力の強弱が難しくなる。

　コート上のサービスライン後ろでボレーするときは、ボールを弾くのではなく、肩を支点としてボールを送り出すようにスイングし、やや長めにボールを押し出すようなとらえ方がポイントになる。

スイートスポットでボールをとらえる。

下から上にスイングし、打球方向にボールを送り出す。

次のプレーに備える。

アームボレー

ヒジを視点にして
パンチ気味に打つ

ネットに近づくことで、ボールに対してより速い反応が求められる。アームボレーは、ヘソから胸ぐらいの高さをコンパクトに打ち、ポイントを奪いにいくボレーテクニック。

アームボレー

待球姿勢で構える。

前方にダッシュしながらテイクバック。

ラケットを立てて、打球面をボールに向ける。

足を動かし繊細なタッチで
相手コートに返球する

　ネットに近くなればなるほど、相手との距離は縮まりボールの体感速度はアップする。肩を支点にして大きくラケットを動かすボレーではタイミングが合わない。

　アームボレーは、ショルダーボレーよりネットの近くで打球する。パンチ気味に強くヒットして、ポイントを決めに行く場面で使うテクニック。

　そのため大振りせず、肩からヒジ、手首をコンパクトにしたハンディーな動作が求められる。ボールの高さはヘソから胸ぐらいの間のイメージ。基本的にはテイクバックは顔の横で、視野からラケットが外れないところで行う。その場で止まって打つのではなく、しっかりと足を使い、ヒジ先を支点とした繊細なタッチで相手コートに返球する。

テイクバックは大きくとらず、ラケットをコンパクトに振り出す。

スイートスポットでボールをとらえる。

打球方向にボールを送り出し、次のプレーに備える。

FILE 40

コンパクトにスイングして
ネット際でボレーを決める

! ハンドボレーはネット手前で構え、コンパクトなスイングで打球するテクニック。よりコンパクトなスイングでポイントを奪うためにダブルスの前衛が決定打として使う。

ネット際につめてコンパクトな
スイングでボレーを決める

　ネット際までつめていき、足を1歩踏み出し(場合によっては、踏み出さない)決めるハンドボレー。相手からも狙われるほど至近距離でボールが飛んでくるため、テイクバックはあまり取らず、スイートスポットを外さないようインパクトする。

　顔の前でラケットを構えるソフトテニスのようなハンディーなボレーも有効。自分にあった方法でボレーすることで確実にポイントを獲りにいく。

ネット際で構え、ボールに対して打球面をまっすぐ当てる。
バックスイングとフロースルーはできるだけ小さくする。

POINT 01

フォアハンドは12時から 6時のエリアでボレーができる

　至近距離でボレーする場合、グリップを握り替える時間がない。フォアハンドとバックハンドでカバーできるエリアをチェックする。フォアハンドでは12時の位置から反時計まわりにラケットを動かし、6時までのエリアでボレーをすることができる。

POINT 02

バックハンドは12時から 9時のエリアでボレーができる

　フォアハンドでは12時の位置から時計まわりにラケットを動かし、9時までの広いエリアでボレーをすることができる。ハンドボレーのような状況では、低いボールへの対応はそこまで必要ないがボデイ周辺や左右のボール対してはバックハンドの方がラケットを出しやすい。

FILE 41

ラケット面の開きを見て
前に出てスティールする

ボレーをゲームで使おうとしたとき、いつ、どのようなタイミングで仕掛けていくかがポイント。パッシング技術が高まっている現代テニスでの仕掛けのタイミングを知る。

相手の態勢が整う前に
前に出てボレーを決める

　少し前のテニスでは、ボレーをする前に「アプローチショット」という、自らがネットに出ていくためのショットを打球してネットプレーにつなげることがセオリーだった。球種としては、スライス回転で弾まない打球を打ち、相手にパッシングショットを強打させない方法や、強打ではなくしっかりとコースをついたスピードよりも配球重視のショット選択が主流であった。

　しかし、パッシング技術が格段にあがった現代のテニスでは、空いているコースを簡単に打ち抜かれてしまう。そのため、前に出るタイミングのとり方も変化しているのが現状だ。

　カギとなるのが相手プレーヤーのラケット面の傾きだ。外に相手を追い込んだとき、ラケット面が開いた状態になり、スライスショットの可能性が高くなった瞬間、前に出てポジショニングする「スティール（こっそり取る）」を行う。相手が体勢を整える時間を奪い、返球してきたボールを確実にコートに沈めることがボレーの使いどころ。

DATA ラファエル・ナダルは世界トップのストロークプレーヤーだが、ネットでのポイント獲得率が100％に近い。つまりスティールの判断力に長けている、という証拠だ。

POINT 01

ラケット面と手の甲を
見て判断する

　好リターンを打ったとしても、ネットに出ない方が良いシチュエーションがある。特にラケット面が開いておらず、手の甲が前を向いてい状態 (写真下) は、強い打球が返ってくる。そこからのパッシングショットで足元やコースを抜かれてしまう。写真上のようにラケット面が開いたらチャンス。

POINT 02

前に出るタイミングが
遅くなり打点が低くなる

> 足元を狙われると攻撃的なボレーができない。

　相手を外に追いやって、ラケット面を見てから前に出るため、ポジショニングがやや深くなり、ボレーの打点は低くなる傾向がある。叩くようなボレーの決め方でなく、オープンコートに打つアームボレーが効果的。

FILE 42

自分のプレースタイルを
持ってゲームにのぞむ

コートに立つ前に、自分がどのようなプレーヤーなのか理解することが大事。相手を負かしてやろう、と考えたときに自分の強みとなる部分をしっかり把握しておく。

自分のプレースタイルを把握して
ゲームプランを組み立てる

　トップ選手でいうなら、フェデラー＝オールラウンド、ナダル＝ストローカー、ややさかのぼってピート・サンプラス＝サーブアンドボレーというように、誰もが思い浮かべることができる主体とするプレースタイルがある。

　はたして自分は、どのような特徴があるプレーヤーなのか。どんなプレーで相手からポイントを奪っていくのか、自分自身のプレースタイルを理解しておく。

　プレーの傾向は、データからも把握することができる。「サーブのポイント獲得率」や「ラリーのポイント獲得率」など統計的なデータから、自分の長所を見つめ直す。

　例えば、サーブからはじまってラリーになり、4球目までのポイント獲得率が52％、5球目以降になると60％を超えていくようなプレーヤーなら、「体力があって走れる選手」と理解できる。勝っている試合のポイント傾向はちもろん、負けている試合を分析することで自分自身に足りない部分も見えてくるだろう。

POINT 01

特徴を失わずに弱点を克服する

フォアハンド　バックハンド

　バックハンドがやや苦手でフォアハンドが強いプレーヤーが、弱点であるバックハンドを強化していく過程で、本来のフォアハンドの強さが失われてしまうことがある。相手にとって驚異となるプレーは、エースをとられること。オールラウンドにプレーできることは良いが、特徴がなくならないよう気をつけたい。

POINT 02

「アセットシート」を書いて自分自身を見つめ直す

　テニスプレーヤーにおける技術とは、これまでかけてきた時間やお金など投資してきた「資産(=アセット)」である。昨年と今年で自分の資産がどのように増減しているのか、見つめ直すことが上達の第一歩。

　自分が「どんなプレーがてきるのか」という点を紙に書き出すところからスタートする。そこから自分自身をしっかり分析した上でゲームにのぞむ。対戦相手を研究することも大事だが、それに対応するためのスキルが、自分になければ試合ではどうにもならない。

■アセットシート例

2023

・Serve speed	(MAX)185(km/h)
・Serve ace	2(本)
・Double Faults	2(本)
・1st Serve avg.（%)	48(%)
・2nd Serve avg.（%)	80(%)
・Forehand UE	25(本)
・Backhand UE	30(本)
・Net points won (%)	60(%)

2024

・Serve speed(MAX)	190(km/h) +5km/h
・Serve ace	4(本)+2
・Double Faults	6(本)+4
・1st Serve avg.(%)	43(%)-5%
・2nd Serve avg. (%)	90(%)+10%
・Forehand UE	20(本)-5
・Backhand UE	25(本)-5
・Net points won (%)	75 (%)+15%

サーブアンドボレー

総合的なテクニックや戦術を駆使して相手を上まわる

!リターンやパッシング技術の向上によって、サーブアンドボレーのプレーヤーは減少している。その理由から現代のテニスのプレースタイルのトレンドを知る。

サーブアンドボレーを使うプレーヤーが減った理由とは

1980 〜 90 年代は「サーブアンドボレー」というプレースタイルが全盛だった。その名の通り、サーブを打った後に前に出て、相手のリターンをボレーで決める戦術だ。

サーブアンドボレーを得意とする選手とストローク重視の選手の駆け引きがゲームの見所となった時期もあった。しかしラケットの進化やリターンの技術が向上したことで、サーブ直後に前に出るプレーヤーの数が減少していく。

その理由としては、サーブというプレーで1番エネルギー使うショットの後に、前にダッシュしたり、ヒザを曲げ伸ばし動作をするなど、体力の消耗が大きいこと。

オールマイティーな能力が求められる現代のテニスにおいては、攻撃的ではあるがリスキーなプレースタイルだということが考えられる。勝負どころでの戦術の引き出しとして、サーブアンドボレーを使って見ても良いだろう。

POINT 01

相手を追い込む
サーブがあって成立する

ボレーで決められるときは、サーブが良いコースに決まり、相手のリターンが浮いてきた場面。つまりレシーバーを追い込むことができるサーブが必須となる。中途半端な状況で前に出てしまうと、足元や空いているコースにリターンを返球されるリスクがある。

POINT 02

あらゆるテクニック
駆使して勝負する

現代のテニスで活躍できるプレーヤーは、あらゆるテクニックにおいてアベレージが高く、持っている武器も多い。サーブアンドボレーだけでは、簡単に攻略されてしまう。逆にネットプレーができずストロークだけでも勝負にならない。時には、スライスショットで、ボールの回転も変える多彩さも必須。

ストロークに強弱をつけて相手のタイミングを外す

 速い打球を追求しても限界は訪れる。自分が打つボールのポテンシャルに、スピードの強弱やコントロールを加えることで戦術の幅を広げることができる。

コート中央のややバックサイドは盲点となる効果的なエリア

　ラリーでのストローク戦においては、スピードや回転量を求めるだけではない。スピードの強弱や相手のラケットの芯を外すような打球、そして狙ったところに打てるコントロールが必要だ。

　相手のラケットのスイートスポットから、たった5cmずらすことができれば、エースに値する効果が得られる。そのためには、どのような質のボールをどこに打っていくかが大事。

　例えばトップ選手であるダニール・メドベージェフは、ラリーの途中で何気ないボールをコート中央の深い位置から、ややバックサイド寄りに緩いボールを打つことがある。この一球、実は計算された打球で相手がバックハンドで打つか、フォアハンドにまわり込んで打つか迷うポイント。コートの四隅や線上ギリギリを狙わなくても、相手を苦しめることができる。

POINT 01

狙ったところに対して
奥行でコントロールミスが多い

　アマチュアレベルのプレーヤーになると、ある程度のコースに狙うことができても奥行の部分でミスすることが多いという研究データがある。トッププレイヤーになると、コートを細分化して狙ったところにボールを打つことができる。

プロテニス
プレーヤーの
打球例

テニスのエラーは横方
向よりも奥行きに大き
く表れる傾向がある。

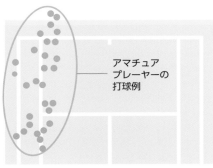

アマチュア
プレーヤーの
打球例

POINT 02

相手を迷わせるサーブを打つ

　レシーバーは、トストアップのところで数センチのズレからサーブの球種やコースを読んでいく。サーバー側からすると、そのズレをなくさなければならない。スピードに強弱をつけることでレシーバーに考えさせることも有効。速いサーブにスピードを抑えたサーブを織り交ぜ、相手のタイミングを外していく。

フラットサーブ　　キックサーブ

FILE 45

エースを獲られない位置に
返球しながらラリーに勝つ

現代のテニスでは、弱点があるとそこを執拗に責められてしまう。ミスをしない技術、エースをとられない戦い方を追求したとき、片手のバックハンドはやや不利となる。

片手打ちのバックハンド
プレーヤーがトップ10から消えた理由

　現在の世界のトップ10から片手打ちバックハンドのプレイヤーがほぼいなくなった。これは片手打ちと両手打ちのメリットとデメリットを考えたとき、当然の結果とも受け止められる。

　バックハンドの場合、高いところの打球は返球する側からするとウィークポイントになりがち。高いボールは、片手打ちで強い打球ができないからだ。相手からするとバックハンドからエースがこないとなれば、メンタル的にも戦術的にも優位に傾く。

　片手打ちのバックハンドの方が、スライスを打てたり、トップスピンをかけやすいなどメリットもあるが、ラリー戦になったときは、いかにエースをとられないかが大事。わずかな隙や弱点となる狙いどころがあることで、相手は困ったときにバックハンドの高いところにボールを返球することで体勢を整えてしまう。

POINT 01

片手打ちをウイークポイントとせず 効果的な返球を心がける

片手打ちだからといって強い ボールが打てないわけではない。 しっかりと自分の打点でボールを とらえることができれば、強いボー ルを打つことができる。一方でバッ クハンド側の深く、弾むボールに対 しては対策しておく必要がある。レ ベルが高い相手なら、弱点と考え て配球してくることが予測される。 まわりこんでフォアハンドで打った り、コート中央の深いエリアに確 実に返球できるストロークを身に つける。

POINT 02

強いトップスピンがかかった 弾むボールはバックハンドの弱点

ウッドラケットの時代やトップスピ ンがそれほど強くなく、ボールが高く 弾まないときは片手のバックハンド でも十分に処理できた。ラケットや ボールの進歩、強いトップスピンを かけるプレーヤーの出現によりバッ クハンド側の高く弾むボールは、 ウィークポイントになった。

POINT 03

相手がエースを打てない 位置にボールを配球する

ストローク全体の技術が高まった ことで、プレーヤーはいかにミスをせ ず、「エースが打てない」位置への配 球が求められるようになった。両手 打ちのバックハンドは、高い打点から でも強いボールが打てる、状況に よってはエースを狙えるテクニック。

短いボールを打って
相手を前に走らせる

! ラリーでの打ち合いで膠着状態が続いたとき、1本のショットで流れを変える。ここぞという場面で短いボールを打ち、相手を前に走らせ、その後のラリーで優位に立つ。

ドロップショット

通常のフォアハンドで打つようにテイクバックをとる。

ラケットを振り出しながら、グリップチェンジをしてドロップショットに切り替える。

打球面をやや上に向けてボールに当てにいく。

前への1本で相手を走らせ
ラリーの流れを変える

　ラリー戦で左右横へのボールにうまく対応されていても、前に走らせる短いボールを1本入れることで相手のリズムを狂わせることができる。

　このような場面で使えるのがドロップショット。インパクトの瞬間に力を調整することで、相手コートのネット際にボールを落とす。ドロップショットで決める、という狙いではなく相手に「短いボールもある」と、意識させることが目的。

　ドロップショットを打つタイミングやポイントも重要で、自分自身が追い込まれている場面では、なかなかうまくいかない。逃げのショットにならないことがポイントだ。ドロップショットを打った後の相手の返球を予測して、次の一手を用意しておく。

ボール下を軽くこするようにインパクト。

打球方向にラケットを送り出す。

打球したら次のプレーに備える。

FILE
47

低く切れるボールを打って
チェンジオブペース

! スライスショットは、相手に低い打点でボールを打たせることができる。エース狙いではなく、チェンジオブペースが目的だ。

スライスショット

ボールを追って打点に入る。

肩越しにボールを見てテイクバック。

ボールをよく見ながら、手の甲を上に向ける。

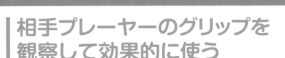

相手プレーヤーのグリップを
観察して効果的に使う

　スピードボールやトップスピンのボールでの打ち合いのなかで、打球面を上にしてボールの中心から下をこするスライスショットは、球速はないが低く弾んでボールが切れるため、相手は簡単に強いボールが打てない。

　そのためラリーのペースを変えるたいときに、スライスショットを使えば効果的な一打となる。相手にラケットを下から持ちあげさせるショットを打たせ、強いボールの打ち合いから遅いボールを有効に使う。

　特にグリップの厚い握りから、フォアハンドやバックハンドを打つプレーヤーには効果的。このようなタイプは低いボールに対してコンタクトしにくく、ミスしやすい。対戦する相手が、どのようなグリップの握りなのか注目したい。

ラケットを斜め上から振り出し、ボール下を切るようにインパクト。

ボールを切った方向にラケットを振り切る。

打球したら次のプレーに備える。

FILE 48

基本から応用の流れのなかで スキルを獲得していく

 何か技術を習得しようと考えたとき、正しいステップアップの方法で進むことが大事。指導者から何を学び、自分のスキルとして獲得していくかを理解する。

パターン化された動作のなかで 正しいフォームを習得する

　テニスを上達するための方法としては「クローズドスキルからオープンスキルへの変化」を意識する。

　まずはパターン化された動作のなかで正しいフォームを習得し、次に応用の動きを取り入れていく。最初は球出しの手投げしたボールをコートに返球する、次はラケットで打たれた生きたボールを返球する、という上達の手順を踏んでいくことがポイントだ。

　新しい運動や打球技術を学ぶ段階には「認知段階」と「連合段階」「自動化段階」がある。

　最初は指導者のコーチングを参考にし、自分で理解する「認知段階」。さらに、その運動や技術を反復したり、イメージとすり合せして身につけていく「連合段階」に進む。

　最後は自分のスキルとして獲得する「自動化段階」に達する。途中で先を急ぎすぎたり、スキップしてしまうと自動化段階においてスキルが身についておらず、難しい動作を試みたり、試合で使おうとしてもうまくいかない。

POINT 01

認知段階は真似から入って 正しいフォームをマスターする

　認知段階では、コーチの指導に耳を傾け、動作を真似ることからスタートする。そこで正しいフォームやかたちを覚え、練習のなかで実践していくことがポイント。

　最初の段階から基本や正しいフォームの習得をスキップし、我流でプレーしたりしてしまうと、壁に当たったときの軌道修正がきかない。常に基本に立ち返ることができる正しい手順でマスターしていく。

POINT 02

身につけたスキルの 精度をアップしていく

　連合段階に入ったら、身につけたスキルの精度をあげていく課程。このとき指導者のアドバイスを実践するだけでなく、自分なりに咀嚼してテクニックの覚え方や身につけ方に多少のアレンジを加えることも大切。

POINT 03

自分のテクニックとして 試合のなかで使う

　自動化段階に入ると、自分としてのスキルが身につき、試合などで使えるテクニックとして完成する。相手と駆け引きしながら、いつ、どんな場面で、そのテクニックを使えばよいか考えたり、判断することができる状態。

トライアンドエラーを
繰り返しスキルアップする

地道な練習ばかりでは、モチベーションが続かない。身につけたスキルをゲームで試す機会も必要だ。基本と応用をセットした練習メニューを考える。

基本練習で身につけたスキルを
ゲームのなかで試していく

走力やフットワークを高めるためのアジリティドリルはたくさんあり、テニスのコーチング現場でも取り入れられている。これらは巧みに足を動かすことができるようになる効果的なトレーニング。

しかし、実際のテニスシーンの動きに結びつけられないアマチュアプレーヤーが多い。どれだけアジリティのトレーニングが速くてもオンコートで遅いのでは意味がない。アジリティの動きがテニスのどの局面で使われるのか理解した上でトレーニングすることが大切だ。

そういった意味でも基本練習の成果を試すことができるゲーム練習も重要。基本的な練習と応用的なゲームを練習メニューに組み込んでいく。

基本的なスキルをしっかり学び、ゲームのなかで実践していく。仮に失敗しても修正したり、次の練習に役立てるなど積極的に活用していく。

POINT 01

打球以外の練習を
コート上で活かす

　ボールを打つ以外のトレーニングが、テニスシーンのどの場面で活きてくるのか理解した上で取り組むこと。

　サイドステップやクロスステップなど、アジリティやフットワークの練習で身につけた動作を上手に使うことができると、コート上のスピードも速くなる。打球練習前のウォーミングアップとして取り入れると良いだろう。

テニス
トレーニング

POINT 02

基本&応用の練習に
取り組んで上達する

　練習のほとんどは、基本的なものがメインとなる。フォームや打点、一球一球の精度にこだわりトレーニングする。打球練習においては、スキルや段階ごとにステップアップ。「生きたボール」を打つような実戦的な練習は、トレーニングの目的を試す機会として取り入れていく。

+1 プラスワンアドバイス

失敗から本物の
スキルを見つけていく

　練習終わりに行うゲームなどは、ゲーム感を養うだけでなく、練習で身につけたスキルを試す貴重な機会。仮にうまくいかなかったとしても、再度練習を重ねて本物のスキルとして身につけていく。

適正な距離を保ち 指導者から学ぶ

 上達するうえでコーチ・指導者は切っても切れない存在。プレーヤーが自主性を持って、テニスに取り組むことができる指導者との距離感をつかむ。

プレーヤーが自分自身で 課題を考えて取り組む

トッププレーヤーは、練習に向かうときに頭のなかで「やるべき練習」や「プレーの注意点」など思い描きながらコートに入る。良いコーチほど選手の主体性を尊重し、選手が持つ課題や向き合いたい練習に対して寄り添う。

気をつけなければならないことは、コーチ自らが決めたメニューを一方的に押し付けてしまうこと。これはあまり良い傾向とは言えない。

試合後のミーティングにおいても、選手に考えを述べさせるのではなく、一方的にコーチが指摘して終わってしまうのはNG。寛容でキャパシティが大きく、プレーヤーの気づきを待つことができるコーチこそが優秀な指導者と言える。

大人数で行う時間のないレッスンでは、どうしてもコーチからの一方的な指導で終わってしまう。その先の上達や学びを求めるなら、フリーな時間でコートを取って自分自身で練習プログラムを考えるなどの取り組みが必要だ。

POINT 01

プレーヤーの自主性を
伸ばす指導方法

今日は
どんな
練習する?

　コーチと選手の関係を「二人三脚」と表現することもあるが、指導者とプレーヤーの関係や距離感は、競技者の成長に関わる大事な要素。指導者が一方的に練習メニューを用意したり、押し付けるようなトレーニングばかりでは決して上達できない。プレーヤー自身が必要なトレーニングを理解し、それを実践していくこと。壁に当たったときは、乗り越えるための「ヒント」を与えるのが指導者の役目。

POINT 02

最低限のレッスンから
練度をあげて上達する

　大人数で行うレッスンの場合、コーチ1人が一方的に指導して終わってしまうことが多い。ビギナーにおいては、必要最低限のレッスンといえる。そこから自分自身のスキルとして身につけていくには、個人練習などを行い、練度をあげていくことが大事。

POINT 03

プレーヤーの自主性を重んじつつ
ときには指導者がアドバイス

　自分がどんなプレーヤーになりたいかイメージしたとき「長所を伸ばす」「弱点を補う」など、それぞれのテーマで練習に取り組む機会が出てくる。どのタイミングで何に取り組むかは、本人次第の部分もあるが、ときには指導者の目線からアドバイスを請うことも効果的。

FILE
51

鍵となるポイントを
制して試合に勝つ

▍勝てる選手と勝てない選手の違いとは

たびたび世界トッププレーヤーの「ラケット破壊」が話題になるほど、テニスのプレーとメンタルは切っても切れない関係で、ときに勝負のカギを握る。「ラケットを投げることで闘争心に火がついた！」というトピックを目にすることもあるが、実際のプロテニスプレーヤーの多くは、ラケットを投げたり、ボールに八つ当たりした時点で試合自体も投げてしまっている、と言える。

特に大事なポイントであるブレイクポイントやゲームポイントは、大きく心が動くタイミング。1つの勝利が大きなお金に替わるプロの世界では、このポイントを取り切るか、失うかで大きな違いがある。

過去に勝ち切った経験のあるプレーヤーは、劣勢の場面でもエースを重ねてきたり、自信を持ってプレーできる。一方で勝ち切れないプレーヤーは、「またブレイクされてしまう、試合を落としてしまう」というようにネガティブな思考になってしまう。

ゲームを制するときは、必ず鍵となるポイントがある。試合自体は1ポイント1ポイントの積み重ねではあるが、勝負を決めるビッグポイント、ターニングポイントを抑えることで勝利にたどり着く。

POINT 01

対戦相手の
レベルで心が動く

　試合で対戦相手が決まったとき、「この相手なら勝てる」「この選手は苦手だ」などというイメージは誰でも思いつだろう。プロのトーナメントも例外ではない。しかし、格下と思った選手に苦戦したとき、大きな落とし穴がある。格上と思った相手に善戦しても、あと一歩で届かないことが多いのは、成功体験があるかないかの違いだ。

POINT 02

声援を自分の力に変えるか
プレッシャーに感じるかの違い

　プロの場合、観客が多いことはモチベーションにつながる。観客の前でプレーすることが当たり前になれば、その場にいることすら心地良くなる。東京オリンピックなど自国開催における、選手たちのプレッシャーに関する研究がされており、「場慣れ」や「応援の効果」といったものがどうパフォーマンスに結びついていくか知ることは重要である。

+1 プラスワンアドバイス

巨額のお金が動くプロテニス
スポーツビジネスの世界

　大事なポイントを審判のミスジャッジで失った選手が、暴言で退場させられたゲームがあった。いまやプロテニス界は、莫大な賞金やスポンサーからの資金によって成り立っている。1ポイント、1つの勝利で大きなお金が動く。プレーヤー目線で考えると、手に入れられるはずの賞金が審判によって失われたとも理解できなくもない。

心と体の両面から
アプローチしていく

メンタルを定点観測して
自分の今の状態を把握する

　プロテニスプレーヤーたちは、どのようにしてメンタルに向き合っているのだろうか。勝てないときにはメンタルが疲弊し、苦しく自分の世界に閉じこもったり、今までやってきたことが全て否定される発想に陥りがちだ。プロでもメンタルの重要性に気づいていない選手の多くは、勝てなくなってはじめて、メンタルサポートの必要性を感じてしまう。しかし、これは誤ったメンタルへの向き合い方。

　スポーツ科学と同様にメンタルにおいても定点観測が大切で、自分のプレーやメンタルの状況、パフォーマンスを毎日評価していくことがポイントだ。

　体のコンディションには人一倍に気をつけていても、メンタルに関しては疎かにしているプロ選手は意外と多い。普段と比較して、今がどういうメンタルの状態なのかを把握し、心と体の両面からアプローチしていくことが大切だ。

POINT 01

相手との情報戦によって
自分が攻略されてしまう

プロ選手は、試合をこなしながら練習やトレーニング、体のケア、食事、コンディショニングなどに取り組んでいる。勝てない試合が続くと、自分の取り組みに対して否定的になってしまうが、現代のテニスは情報戦の側面もある。自分が相手に研究されていることが、敗因の理由の一つでもある。

POINT 02

自分ひとりで戦うのでなく
チームで力を合わせ乗り越える

強い相手と対戦するとき、自分の100%を超えるパフォーマンスの準備が大切。準備はラケットや道具のみならず、サポートしてくれる人、コーチや親も含めてチームでのぞむことだ。とても高い山に自分一人の体で登るのではなく、チームワークで戦うことができると、苦しい場面でも「あと1歩、1本」に後押しを受けられる。

POINT 03

テニスから離れたり
ルーティンをアレンジする

スランプ克服の方法としては、テニスから少しはなれてレフレッシュすること。トレーニングの質や量、それに向き合うルーティンを変えてみる。ルーティンは自分のリズムを整えるには良いが、依存性がでてくると、それ以外のストレスに耐えられなくなる。「これをしなければ負けてしまう」という発想は持つべきではない。

+1 プラスワンアドバイス

過緊張をリリースする
ための暗示深呼吸

人間は緊張した状態になると心拍数があがる傾向がある。緊張は戦うための準備であり、マイナスなのは過度の緊張である。

そんなときは、暗示を添えて深呼吸をすると良い。息を吸うときは勇気やエネルギーを吸い込み、吐くときは、不安や恐れそして迷いを吐き出す。数回繰り返すと心拍数はさがり心が落ち着いてくる。

ポジティブな思考でテニスを楽しみ上達する

マイナスでネガティブな感情が充満する人の心

　ゲーム中の多くのミスは、メンタルが原因というよりも技術なエラーが原因。そこを取り違えしまうと、上達のプロセスは進まない。テニスはエラーが多い競技であり、エースを獲るポイントよりエラーによって決まるケースも少なくない。つまり、うまくいかなくて当たり前のスポーツなのだ。このテニスにおいてパズルを解くような感覚で楽しみ、上達していくことができるとモチベーションは持続できる。

　ネガティブに物事を考えるというのは、人間が生まれたときからDNAに組み込まれたもの。原始時代に人は、「ミス＝致命傷」であったため、リスクを徹底的に回避して生き延びる方法がとられてきた。自分の意識のなかでは「失敗しないように」という考えになったり、マイナスでネガティブな感情が充満するのは当たり前ともいえる。

　だからこそ前向きなメンタルでいくためには、「自分はできるんだ」「強気でいこう」というような、ポジティブな感情をつくりあげていく作業が大切になる。

POINT 01

セルフトークで壁を乗り越える

うまくなろうとすればするほど苦しい場面があったり、自分の感情をコントロールしなければいけない状況が出てくる。そんなときに自分自身に対して積極的な暗示をかけるポジティブなセルフトークが効果的。自分に命令したり、自分に言い聞かせたりして壁を乗り越えていく。

POINT 02

スポーツノートを利用して交流する

プレーヤーが思い悩んでいるとき、指導者は会話の中から「思考の扉」が開くきっかけをつくってあげることが大事。選手の目指すプレーとコーチの指導方針に齟齬があってはいけない。ときにはスポーツノートのなかで情報交換し、お互いの考えや意見を交わらせながらプレーヤーの成長を促していく。

POINT 03

正しく落ち込むことは上達のヒントになる

やる気がなくなる、失敗して落ち込んでしまうのはメンタルに原因。これに対して落ち込むことが上手になるヒントになると考える。負けた試合の動画を見ることもひとつ。敗戦のなかから成長のきっかけを探す。ときには自分に勝った相手が負ける試合を観ることで自信を取り戻すこともできる。

+1 プラスワンアドバイス

潮流をつかんで苦しい場面を乗り越える

1セット目は0-6で失ったものの、セカンドセットは7-6、ファイナルセットでは6-0でとって逆転勝利という展開がある。苦しい「山」を超えたときには、必ず広がる世界が待っている。その潮流をつかむことが、メンタルゲーム的な側面を持つテニスに必要な要素。苦しくて投げ出したいときに、「自分が何のためにやっているか、自分がどうなりたいか」と強く意識する。

　1994年4月、私はスウェーデンのストックホルムでテニスと出会い、週1回のジュニアレッスンがスタートしました。当時、スウェーデンは、テニスの強豪国としてデビスカップでは常に上位に君臨し、B. ボルグを筆頭に M. ビランデル、S. エドバーグ、J. ビヨークマンなど多くの名プレーヤーが輩出されていました。スウェーデンにおけるジュニアテニス選手育成システムは、世界から注目されており、その後、各国のジュニア育成システムの参考になったと言われています。

　1995年、松岡修造さんが佐藤次郎さん以来、62年ぶりにウインブルドンテニス選手権大会でベスト8に入った試合をコートサイドで目の当たりにして、「自分もプロテニス選手になってこの舞台で戦うのだ」と、決意をしたあの日を昨日のことのように想い出します。
　残念ながら夢は叶いませんでしたが、その代わりに、夢が叶わなかった原因をスポーツ科学を駆使して明確にすることが、私の使命だと考えるようになりました。

　コロナ禍を経てデジタル化が加速し、デジタルネイティブであることが当たり前の状況で、紙媒体の本を刊行することはとても価値あることです。本一冊を自分で選び手にとることは、まさに自発的であり、受動的に情報を得ることが多くなった私なりの現代社会への危惧を補完する、成功の第一歩だと考えます。

　ぜひとも、本の重みや紙の質感を味わいながら1ページ、1ページをめくってください。そしてこの本がボロボロになるまで読みつくしてください。
　皆様のテニス上達と才能の開花に、寄与することができれば幸甚の至りです。

Queensland 大学にて　　**佐藤文平**